野馬的逆襲！

拯救萊斯勒的男人，艾科卡神話

Lido Anthony Iacocca

孫鵬飛 著

即使遭逢逆境，仍該奮勇向前；
縱然世界分崩離析，也要永不氣餒。

目錄

前言   **7**

人 物 簡 介   **11**

名人簡介   11

成就與貢獻   12

地位與影響   12

漫長的求學路   **15**

出生在移民家庭   16

童年經歷大蕭條   18

遭受歧視的少年   22

多才多藝的中學生   28

就讀理海大學   31

普林斯頓讀碩士   36

成為福特功臣   **41**

進公司選擇行銷   42

擔任區銷售經理   48

出妙計一舉成名   54

到公司總部任職 58

任福特部總經理 61

盡全力研製新車 67

「野馬牌」汽車銷售旺 78

豪車成了搖錢樹 84

任福特公司總裁 92

玻璃大樓的煩惱 101

與亨利產生矛盾 108

受到亨利的調查 112

被福特公司解僱 120

解僱之後的傷痛 130

受聘克萊斯勒 **137**

五十多歲臨危受命 138

登上將沉的大船 145

新組建管理團隊 152

遭遇到經濟危機 160

無奈向政府求援 168

援助案獲得通過 178

身先士卒的統帥 190

經受煉獄的考驗   201

熬過艱難的歲月   211

實現了扭虧為盈   216

摯愛的妻子病逝   222

用心做事的人   **229**

主張使用安全帶   230

關心國家的發展   234

當了四年志願者   239

退而不休的老人   243

附錄   **249**

經典故事   250

年譜   254

名言   257

前言

那是西元一八〇〇年，愛爾蘭裔法國著名經濟學家理查‧坎蒂隆著作了《商業性質概論》一書，他在該書中首次對「企業家」進行了定義，闡釋企業家是專門承擔風險的人。

後來，奧地利著名政治經濟學家約瑟夫‧熊彼得在所著《資本主義、社會主義與民主》中指出，企業家就是創新者，就是不斷探索新的可能方案，不斷尋找新的意義所在，不斷發現新的實現自我的途徑。按照他的定義，企業家的內涵和外延要廣泛得多，不僅包括在交換經濟中通常所稱的生意人，也包括公司僱傭人員，例如經理、董事會成員等。

美國著名企業家克雷格‧霍爾在所著《負責任的企業家》中指出，企業家是做實事的人，是冒險家，是風險承擔者，他們對朋友、商界夥伴和社會是負責任的。也就是說，企業家不僅是社會革新者，更是社會責任與信用關係的維護者，並且致力於改進社會。

總之，「企業家是不斷在經濟結構內部進行『革命突變』，對舊的生產方式進行『創造性破壞』，實現經濟要素創新組合的人。」他們創造物質財富，推動社會不斷進步，使得人們更加幸福。財富雖然只是一個象徵，但它與人們的生活、國家的發展、民族的強盛等息息相關。

　　企業家也創造巨大的精神財富，他們在追求財富過程中所表現出來的創新、冒險、合作、敬業、學習、執著、誠信和服務等精神，值得我們每一個人學習。這種企業家精神是這個特殊群體的共同特徵，也是他們獨特的個人素質、價值取向以及思維模式，是他們行動的理性超越和精神昇華。

　　當然，企業家是在創造財富的實際行動中，在點點滴滴的事例中體現出偉大精神的。我們在追尋他們成長發展的歷程時就會發現，雖然他們成長發展的背景各不相同，但他們在一生中所表現出的辛勤奮鬥和頑強拚搏的精神，則是殊途同歸的。

　　這正如美國著名思想家和文學家愛默生所說：「偉大人物最明顯的標誌，就是他們擁有堅強的意志，不管環境怎樣變化，他們的初衷與希望永遠不會有絲毫的改變，他們永遠會克服一切障礙，達到他們期望的目的。」同時，愛默生認為：「所有偉大人物都是從艱苦中脫穎而出的。」

　　為此，我們特別推出了《中外企業家》叢書，精選薈萃了現當代中外在鋼鐵、石油、汽車、船運、時裝、娛樂、傳媒、電腦、訊息、商業、金融、投資等方面最具有代表性的企業家，主要以他們的成長歷程和人生發展為線索，盡量避免冗長的說教性敘述，採用日常生活中富於啟發的小故事來傳達他們的精神。尤其著重表現他們所處時代的生活特徵和他們建功立業的艱難過程。本套作品充滿了精神的力量、創業的經驗、經營的學問、管理的智慧以及財富的觀念，相信我們廣大讀者一定會產生強烈的

共鳴和巨大的啟發。

為了讓廣大讀者更方便地了解和學習這些企業家，我們還增設了人物簡介、經典故事、人物年譜和名人名言等相關內容，使本套作品更具可讀性、指向性和知識性。為了更加形象地表現企業家的發展歷程，我們還根據他們的成長線索，適當配圖，使之圖文並茂，形式新穎，以便更加適合讀者閱讀和收藏。

我們在編撰本套作品時，為了體現內容的系統性和資料的詳實性，參考和借鑑了大量資料和許多版本，在此向所有辛勤付出的人們表示衷心謝意。但仍難免出現掛一漏萬或錯誤疏忽，懇請讀者批評指正，以利於我們修正。我們相信廣大讀者透過閱讀這些著名企業家的人生成長與成功故事，會更好地把握自我成長中的目標和關鍵點，直至開創自我的幸福人生！

人物簡介

名人簡介

李‧艾科卡（Lee Iacocca，一九二四～二〇一九），出生於美國賓夕法尼亞州一個義大利裔家庭。是美國的汽車業奇才和著名企業家。

艾科卡二十二歲以推銷員的身分加入福特公司，二十五歲成為地區銷售經理，三十八歲成為福特公司副總裁兼總經理，四十六歲升為公司總裁。他在福特公司時創下了空前的汽車銷售紀錄，使公司獲得了數十億美元的利潤，他從而成為汽車界的風雲人物。

艾科卡五十四歲時被福特二世解僱，同年他以總裁身分加入瀕臨破產的克萊斯勒公司，並把這家瀕臨倒閉的公司從危境中拯救出來，使之奇蹟般地東山再起，使之成為全美第三大汽車公司。艾科卡入職六年後，克萊斯勒公司不僅還清了政府貸款，還創下了二十四億美元的盈利紀錄，比此前六十年利潤總和還要多。

艾科卡退休以後，他一直筆耕不輟，在二〇〇七年出版了他的第三本著作《領導人都到哪裡去了》。他在書中狠批美國的領導危機，號召讀者「把領導人找回來」，因此引起了很大轟動。

成就與貢獻

多年來，艾科卡一直提倡駕駛員使用安全帶，並在一九五六年推出的汽車裡增加了安全帶裝置。

一九七二年，艾科卡身為福特汽車公司的總經理，他親自寫信給五十個州的州長，告訴他們福特公司擁護強制使用安全帶的政策，並且呼籲州長們支持這一救命措施。在二十多年後的美國，各個州均為使用安全帶而立法，使得汽車駕駛更加安全了。

艾科卡挽救了面臨破產的克萊斯勒公司，使成千上萬的工人保住了自己的工作，並上繳了幾億元的稅金，還提高了美國汽車業在國際上的競爭力，為當時處於逆境的大批企業家樹立了榜樣，成為他們不斷前進的動力。

地位與影響

艾科卡的成就使他聲名鵲起，他成為了美國家喻戶曉的人物，特別是他那鍥而不捨、轉敗為勝的奮鬥精神使人們為之傾倒。他因此成為了美國人心目中的英雄，受到大家的敬仰和崇拜，也成為媒體和公眾關注的焦點。

在一九八〇年代以及九〇年代初，艾科卡成為美國商業偶像第一人。甚至連布希在競選美國總統時都說，如果艾科卡參選，唯有他是最強有力的競爭對手。

艾科卡的用人之道在企業界得到廣泛認同，引起企業家紛

紛效仿。首先，艾科卡善於了解部下的心理，並且注重針對他們的心理講話；其次，他總是盡力鼓勵部下提出實際的想法和建議。同時，他還十分注重維護下屬的積極性。

艾科卡在任福特公司總裁時，他的周圍聚集了一大批優秀的管理人才。而當艾科卡離開福特到克萊斯勒汽車公司任總經理時，這批優秀的管理人才又紛紛湧向克萊斯勒，他們放棄了福特的優厚待遇，而甘願和艾科卡一起冒風險。由此可見，艾科卡在汽車界的號召力和影響力無人能敵。

艾科卡在美國汽車業面臨危機時提出了「共同犧牲」的理念，他把自己年薪減至一美元的做法在美國企業界沒有先例，引起了巨大轟動。他說：「齊心協力可以移山填海，要想渡過難關，作為企業的高層，最重要的一點就是身先士卒。」

艾科卡的行動不僅給克萊斯勒公司帶來了生機，也使許多企業領導人學到了一種新的管理模式。

漫長的求學路

我家的經歷才是我的啟蒙之師。

—— 艾科卡

出生在移民家庭

一九○二年的一天，一艘滿載著乘客的客輪駛進了紐約港，在船舷密密麻麻的人群中擠著一個十二歲的孩子，他和許多世界各地來美國的移民一樣，盼望在這裡過上富裕的生活。

忽然他的眼前一亮，他看見了那個傳說中的自由女神像，那是無數移民的希望之光。

當這個名叫尼古拉的貧窮的義大利少年剛踏上這個陌生國度的土地時，他膽怯地挪著步，四處張望，既孤單又有些迷茫，不知應該走向哪裡。

這個孩子長大後回憶起那時的情景時說，他當時唯一相信的事就是地球是圓的，因為他知道有一個叫哥倫布的義大利人剛好比他早四百一十年到達美洲。

尼古拉是義大利坎帕尼亞省拿坡里市北邊大約二十五公里的聖馬可人。像大多數移民一樣，他也充滿了野心和希望。剛到美國時，他和他的繼兄在賓州蓋瑞城住過很短的一段時間。

他曾到一家煤礦做工，但他極不喜歡這個工作，只做了一天就辭職不幹了。因為沒有拿到工錢，他以後常說，這是他這輩子唯一替別人幹活的一天。

時間不長他就去了賓州東部一個叫艾倫敦的小鎮，在那裡還有他的一個兄弟。從那以後他做過零工，但大部分時候做鞋

匠。

他愛上了美國，而且竭盡全力追求「美國之夢」。

一九一四年，第一次世界大戰爆發後，他志願去當兵。這有愛國主義的成分，也有想掌握住自己命運的因素。他含辛茹苦來到美國，加入了美國籍，又很怕被送回歐洲。不過他很幸運，仍在家鄉附近當兵。因為他會開車，讓他訓練急救車駕駛員。

一九二一年，尼古拉已存了足夠回聖馬可去接他守寡的母親的錢。結果在回來的時候這個三十一歲的單身漢還帶來一個十六歲的姑娘，那是一個義大利鞋匠的女兒，他們在義大利認識才幾個星期就結婚了。

但不幸的是這個姑娘得了傷寒，大部分時間都躺在船上的醫務室裡。當船抵達艾利斯島時，她的頭髮都掉光了。根據當時的法律，她患了傷寒是必須被遣返義大利的。

但尼古拉是個能言善辯、不輕易放棄的人，他已經學會了如何在美國生存，居然連哄帶騙地說服了移民局官員，相信他的新娘子不過是暈船而已。

一九二四年十月十五日，在美國賓夕法尼亞州艾倫敦，尼古拉的兒子李·艾科卡出生了，這是他的第二個孩子，第一個孩子是女孩，叫德爾瑪。

這時尼古拉開起了一家熱狗店。對一個手頭沒有多少錢的人而言，這是一個很好的生意。開張所需準備的僅是烤架、麵包

爐和幾張板凳。

一家人雖然不是很富裕，但感到非常幸福，因為「全家四口人親密無間，彷彿一個人的四個肢體一樣」。尼古拉和妻子對艾科卡和德爾瑪很關心，尼古拉不管多忙都會找時間陪兩個孩子玩，而他的妻子總會做孩子們最喜歡吃的東西。

尼古拉是一個閒不住的、喜歡思索的人，最容易接受新鮮事物。有一回，他買了幾株無花果樹回來，居然在艾倫敦那麼嚴酷的氣候下種活了。

他也是全鎮第一個買摩托車的人。他買了一部老式哈雷摩托車，在小鎮塵土飛揚的街道上開來開去。可惜這輛摩托車常常拋錨，他不得不賣掉，他從此再也不相信少於四個輪子的車了。

尼古拉很喜歡汽車。他擁有一輛最早期的福特 T 型車，是艾倫敦鎮上少數幾個會開汽車的人之一。他花不少時間擺弄車子，並且不斷地想法子改進車子的性能。在那個時代，汽車常會爆胎，他一直在研究如何利用已經漏氣的輪胎多跑幾公里路。

尼古拉這一嗜好無疑也影響了兒子，他唯一的兒子艾科卡後來的事業都與汽車有關。

童年經歷大蕭條

自從小艾科卡出生以後，他家和許多美國人一樣，日子相當不錯。

　　艾科卡的父母都很喜歡攝影，家裡的照相簿上嬰兒時期的艾科卡手裡抓著一枝銀百合。從出生至六歲，艾科卡穿的都是緞面的鞋子以及繡花邊的外套。

　　除了經營餐館之外，尼古拉在房地產上的投資也讓他賺了不少錢。那幾年他們家可以說是很富有，但突然間，隨著美國經濟大蕭條的到來，他們一下子又變成了窮人，差點沒有了棲身之所。

　　當時才六七歲的小艾科卡問比他大一兩歲的姐姐：「我們是不是要搬家？我們還會不會有地方住？」

　　一九三一年，幼小的艾科卡雖不懂得何為蕭條，但也體會出情況有點不對勁，因為他的衣服開始顯得破舊，他和姐姐也不再添置新衣服。

　　艾科卡後來回憶道：「那時我對未來的憂慮至今仍歷歷在目，壞日子的回憶永遠如影隨形，難以忘卻。」

　　在這個家庭最困難的時期，艾科卡的母親表現出她的應變才能。她是典型的移民母親，也是家裡的脊梁骨。她總能讓家裡的每個人都能吃飽飯，一份五分錢的骨頭湯也能成為這個家庭的一餐。大蕭條更嚴重之後，她又到尼古拉的餐館當幫手，她也去過一個製襯衫的工廠做工。她總是愉快地去做她的工作，從不發愁。

　　就像那個時代的許多家庭一樣，對上帝堅定不移的信仰支

持著他們。他們經常禱告，一家人每個星期日必須上教堂，每週或隔週領聖餐。

雖然隔了許多年艾科卡才完全理解為什麼在領聖餐之前他必須對神父懺悔，不僅要想想自己做了哪些對不起朋友的事，還得大聲講出來，但是十多歲的時候，他就多少能體會這個最被人誤解的天主教儀式的重要。

稍後幾年他發覺當他認罪之後，心靈便可以獲得完全的洗滌。他甚至開始參加週末避靜會，與其他信徒們面對面地坦白自己的思想，反省自己日常的生活。這種經常的內省過程，成為安撫他心靈的最佳方式。

儘管日子非常艱難，但他們還是盡量找樂趣。那時還沒有電視，人們相互間的依賴關係更親密。星期日從教堂回來後，尼古拉常常邀一幫人在一起，喝酒唱歌，自我娛樂。

在大蕭條的艱難歲月中，尼古拉始終持樂觀態度和堅定信念。每當事情一籌莫展時，他總是告訴艾科卡：「耐心等待，太陽總會出來的，一定會。」這給艾科卡留下深刻的印象。

「後來我在大學學了經濟學，在福特公司及克萊斯勒的時候，又學會了如何應付不景氣。但我家的經歷才是我的啟蒙之師。」艾科卡後來說。

就像許多義大利人一樣，艾科卡的雙親無論在家或在公共場合都毫不隱藏他們的感情。艾科卡可以在任何可能的機會裡擁

抱和親吻父親，沒有比這更自然的事了。但他的大部分朋友從不擁抱自己的父親，以免在別人眼裡顯得軟弱和不獨立。

對尼古拉而言，經濟大蕭條，是一個極大的打擊，幾乎將他擊倒。他辛辛苦苦奮鬥了這麼多年才積蓄了一筆財富，如今幾乎一夜之間全付諸東流。

在艾科卡很小的時候父親就對他說：「你應該上學去學『經濟蕭條』是什麼意思。」

他自己只讀完小學四年級。他說：「如果早有人告訴我什麼是經濟蕭條，我就不會把自己的生意一個一個地抵押出去了。」

父親一再告誡他兩件事：一是絕對不要做需要太多資本的生意，因為遲早銀行會吃掉你。後來艾科卡曾經還後悔沒有太注意他這個教訓。二是如果時勢艱難、日子不好過的話就改行經營餐飲業，因為即使在困難時期，人也總是要吃飯的。他家的熱狗店在經濟大恐慌時期一直沒關門，雖然生意並不怎麼好。

事實上艾科卡接觸食品業比他沾上汽車業要早得多。他十歲的時候，艾倫敦開了一家國內最早期的超級市場。放學後及週末，他和一些小朋友都推著紅色的手推車排隊等在門口，好像計程車排列在旅館門口一樣。當購物者出來時，他們就替購物者們把大包小包的東西送回家，從而獲得一點小費。

過了幾年，他還在週末為一家希臘人開的水果零售店送過貨。他一般黎明前即起床，到批發總站去把水果運回零售店。工

作十六個小時，老闆付給他兩美元，另外讓他帶回家滿滿一筐水果和蔬菜。

　　他這麼小就不怕辛苦地出去賺錢，不知道是不是跟經歷了那次長達四年的經濟大蕭條有關，也許當時的家庭境況確實給他幼小的心靈造成了極大的衝擊，讓他始終難忘。

遭受歧視的少年

　　艾科卡以前根本不知道自己是個義大利人，直至上學後有同學叫他「義大利佬」。

　　他只知道他們來自某一個國家，但並不知道它的名字，也不知它在什麼方位。他後來努力地在歐洲地圖上尋找「義大利」這個地名。

　　在那些年月裡，特別是在小鎮裡，他們很不願意讓別人知道自己是義大利人。艾倫敦的居民差不多都是荷蘭人的後裔，艾科卡小時候因為與眾不同而受了不少欺辱。他有時和罵他的人打架，但總是記住父親的警告：「如果對方比你高大就不要還手，用腦袋而不要用拳頭。」

　　不幸的是，歧視義大利人的不僅是和艾科卡年紀相仿的孩子，甚至有些老師也暗地裡叫他「小義大利佬」。

　　對他的種族歧視在一九三三年六月十三日，也就是艾科卡小學三年級的時候，達到了頂峰。那時，經濟大蕭條已經逐漸過

去，小鎮的人們的日子又開始好起來。

六月十三日是聖安東尼日。這天對艾科卡一家來說，是個大日子。小艾科卡的母親名叫安東烈特，而小艾科卡的中間名就是安東尼。每年的六月十三日他們家都舉行一個大宴會。

為了表示隆重，小艾科卡的母親總會烤義大利脆餅。也就是披薩。她來自披薩的發源地拿坡里市，可能是這個原因，她做的披薩是最好的，她拿手的拿坡里菜更是不一般。

那年，艾科卡一家邀了親朋好友，和以往一樣準備了一大桶啤酒。雖然艾科卡才九歲，但只要是在家裡，並且在嚴格監督之下，也被獲准喝幾口。在家裡喝酒是准許的，通常是家庭釀造的紅酒，這也是他們生活的一部分，但必須有節制。或許這就是艾科卡在高中及大學時從不沉迷飲酒的原因。

當時的披薩在美國沒有名氣，如今它已經和漢堡、炸雞一樣，成為美國人最喜愛的食物之一了。那時除了義大利人外，沒人知道什麼是披薩。

第二天上午，艾科卡開始向同班的小孩吹噓：「昨晚我家舉行了一個大宴會。」

「真的？什麼樣的宴會？」

「披薩宴會。」艾科卡回答。

「披薩宴會？那是什麼東西，聽起來怎麼那麼土氣！」

同學們哄堂大笑。

艾科卡說：「你們不是都喜歡吃餡餅嗎？披薩是一種餡餅，它是番茄做的。」

他實在應該早些閉口才對，這下子他們可抓到把柄了。他們完全不知道披薩是什麼，但他們認為只要是義大利人的東西，就一定不是好東西。多虧「披薩事件」發生在學期快終了的時候，過了一個暑假大家就把它忘了。

艾科卡卻永遠忘不了當時被羞辱時的情景，心裡憤恨地想：「你們這些傢伙是吃鬆軟的餡餅長大的，我可從來沒有譏笑過你們早餐吃蜜糖餡餅。……去你的！」現在美國街頭披薩店到處都是，但是對一個九歲的小孩來說，即使知道自己是走在潮流的前頭，也不能自我安慰，讓心裡好受些。

艾科卡並不是班上唯一被欺侮的孩子。還有兩個猶太兒童，一個叫華沙，她在班上總是考第一，艾科卡通常考第二；另外一個小孩是正統猶太教徒的兒子，戴黑色小帽，留小鬍子，艾科卡和他們很要好。他們家在艾倫敦備受歧視，孩子們看見他倆時就彷彿遇見了兩個癲癇病患者，遠遠地躲著他們。

以前艾科卡不懂，直到三年級以後他才慢慢明白義大利小孩比猶太小孩高一等，但也好不到哪兒去。另外，他也想不通，小鎮上的學校為什麼沒有黑人小孩。

在艾科卡六年級的時候，學校選舉糾察隊長。糾察隊員都

掛有白條銀徽的綬帶,糾察隊長和副隊長則穿特別的制服而且戴特別的徽章。小學的糾察隊長就和高中足球隊的四分衛一樣出風頭。他很想穿穿隊長的制服,便決定去競選。

選舉結果艾科卡以二十票對二十二票落選,他非常失望。第二天下午,他去看週六下午場電影,前排坐著一個他們班上長得最高大的同學,他轉過身來看到艾科卡,說:「傻瓜,你落選了。」

艾科卡說:「我是輸了,但你為什麼罵我傻瓜?」

那個同學說:「因為班上只有三十八個人,卻有四十二票,你連算術都不會嗎?」

原來他的對手往票箱裡多塞了幾張選票! 艾科卡回去告訴了老師。

這位女老師對他說:「還是讓我們徹底忘掉這件事吧!」

她不願再生風波,就把這件事掩蓋了起來。這個事件對艾科卡有極大的影響,它使他第一次深深地體會到人生並不是永遠公平的。

不過除此而外,艾科卡在學校裡還是很快樂的。他是個用功的學生,許多老師都很喜歡他,常叫他去擦黑板、清黑板擦或敲學校的鐘。

艾科卡後來說:「如果你問我大學及研究生院老師的名字,

我唸不出三四個，但卻記得清在小學及中學教我的老師的名字。」

艾科卡在學校裡的最大收穫就是學會了怎樣用文字表達自己的感受。他的九年級老師雷帕小姐要求他們每星期一早上寫一篇五百字的作文，每週都是如此。

她常利用《讀者文摘》上的詞彙遊戲對他們做當堂測驗，使他養成了閱讀每一期《讀者文摘》詞彙測驗的習慣，至今不變。

經過幾個月的測驗下來，艾科卡又多認得了許多字，但他還是不會造句。這時雷帕小姐開始教他們即席演講。艾科卡的表現不錯，後來加入了由拉丁文老師指導的辯論組，從那兒開始他學會了演講的技巧以及如何做即興演說。

起初艾科卡非常害怕，全身都不自在。直至今天，每當演講之前，他還是有點緊張。辯論組的經驗對他十分有益，他總對別人說：「即使你裝了滿腦袋的好主意，假如你不能讓人了解，也等於沒用。」

在艾科卡十四歲的時候，沒有比辯論「是否應該廢除死刑」的正反兩面更能培養演講技巧了。一九三八年時這是個熱門的話題，他為了這個題目的正反兩面至少各做了二十五次的辯論。

第二年對艾科卡來說是一個轉折點。他得了風濕熱，第一次感到了什麼是嚴重的心跳。他幾乎嚇昏了，覺得自己的心好像要跳出來。

醫生說：「別緊張，胸口放個冰袋就行了。」

他很害怕：「把那些冰塊放在胸口幹什麼？我一定快死了！」

那個時候風濕熱確實能致人死命，他得吃樺皮丸來消除關節的感染。因為藥的酸性太強，他每十五分鐘還得吃止酸丸以防止嘔吐，不過現在的病人已改用抗生素了。

風濕熱有傷害心臟的危險。艾科卡還算幸運，雖然掉了十八公斤的體重，在床上躺了六個月，但還是完全康復了。他永遠不會忘記那些用來減輕膝蓋、腳踝、手臂肘和手腕關節劇痛的關節固定板，裡面塞滿了沾有白珠樹油的棉花。這種原始治療法的確能降低骨節的痛苦，但卻讓你的皮膚像三級燒傷那麼疼痛。

在艾科卡生病之前，他原來是棒球好手，也是紐約「洋鬼子」棒球隊的球迷，那幾位義大利後裔球員是他的偶像。和其他小孩一樣，他夢想自己將來也參加職業球隊。但這場大病使他完全轉變了。

他只能放棄了體育運動，開始玩象棋、橋牌，直至後來還是喜歡玩撲克，而且經常贏。

艾科卡說，這個遊戲可以讓你學習如何去利用機會：何時該放棄，何時可以唬人。這幾招在以後與工會艱苦談判的時候他都派上了用場！

多才多藝的中學生

　　艾科卡在學校讀書很用功。他在高中時成績幾乎每年都名列前茅，而且連數學都考到了優等。他參加了拉丁文俱樂部，因成為三年級成績最好的學生而得獎。

　　雖然以後四十年他再未用過拉丁文，但拉丁文協助他認識了更多英文，而且他是少數能在週日彌撒聽懂神父說什麼的小孩之一。後來當地的約翰主教改用英語做彌撒，他從此再也用不上拉丁文了。

　　艾科卡認為，做一個成績好的學生雖然很重要，但是還不夠，所以他一直熱衷於課外文體活動。在高中的時候，他在話劇社和辯論社都很活躍，病後他無法再做劇烈運動，只好去當游泳隊的經理，就是幫忙遞毛巾和洗刷游泳池。

　　他還在七年級的時候，就開始熱衷於爵士樂。那個時期流行大樂隊，他和幾個朋友每個週末都去聽大樂隊演奏。通常他只是聽聽音樂而不跳舞。

　　他的爵士舞跳得很不錯，他曾去艾倫敦的帝國舞廳和賓夕法尼亞州波茲鎮的陽溪舞廳跳舞。賺了錢以後，他也溜進紐約的賓夕法尼亞旅館或龐普登路上的草溪夜總會去玩。那段時間音樂就是他的生命。他訂了熱門音樂雜誌，而且知道每一個主要樂隊成員的名字。

　　那時艾科卡開始學吹次中音薩克斯風，他甚至被學校樂隊

找去當第一喇叭手。但他為了「政治」放棄了音樂。他希望在七年級和八年級當班長，結果如願以償。

艾科卡像他父親一樣喜歡各種車，但就是因為原來家裡那輛倒楣的摩托車，艾科卡的父親不准他長大以後騎腳踏車，因為它少於四個輪子！如果他想騎腳踏車，只能向朋友借一會兒過過癮。

但當他滿十六歲的時候，他的父親就允許他開汽車了，這使他成為艾倫敦唯一的從騎兒童三輪車一下躍到開福特汽車的男孩。以後每當一聽到輪胎製造的技巧又有新的發展時，他就不由自主地想起父親。

在九年級的時候，艾科卡參加競選全校學生會主席。他的好朋友吉米·利比當競選經理。吉米非常聰明，為艾科卡設立了競選組織。結果艾科卡獲得壓倒性勝利。

他興奮之極，得意忘形，覺得自己是個人物了。所以當選以後，他自以為高人一等，開始神氣起來，於是疏遠了與「選民們」的關係。他後來回憶道：「那時我還不懂人們的溝通比一切都重要。」

結果第二學期艾科卡落選了，這對他是個沉重的打擊。他為了學生會而放棄音樂，但忘了友善待人，使自己的「政治生涯」就此結束了。這件事給他在學習領導方面上了重要的一課。

儘管他參加了這許多課外活動，艾科卡畢業時還是在全年

級九百多人中名列第十二名。他父親的反應卻是：「你為什麼沒考第一？」可見父親對他的期望之大。

在他念高三的時候，日本突然襲擊了珍珠港。羅斯福總統的演講使他們義憤填膺。一夜之間美國被驚醒，整個國家都團結起來。從那次危機中，他懂得了「唯有大難當前才會使人團結」。

一九四一年十二月，艾科卡和當時大多數年輕人一樣，迫不及待地想入伍衛國。雖然他覺得自己的身體狀況甚佳，但意外的是，他的體格被評為戊等緩役，使他不能參加空軍，陸軍也不要患過風濕熱病的人。不過曾經幾乎置他於死地的病也許這次是救了他的性命。

艾科卡並不覺得自己有病，一兩年後他為了加入人壽保險首次身體檢查，醫生對他說：「你這個這麼健康的年輕人為什麼沒有到海外作戰？」

當時，艾科卡的大部分同學都應徵入伍，這批十七八歲的、一九四二年畢業的同學入伍受訓後，就橫渡大西洋遠赴歐洲作戰，後來許多人死在了戰場上。現在艾科卡有時翻閱高中畢業紀念冊，還不禁悲傷地搖頭嘆息，實在很難置信那些艾倫敦高中畢業生為了保衛民主而戰死沙場。

在第二次世界大戰那場反法西斯的戰爭中，艾科卡始終有一種「國家最需要你，而你卻無法盡力」的負疚感。那時大家的愛國心高到極點，他最想當飛行員，駕駛轟炸機到德國對希特勒

和德軍轟炸報仇。

在戰時被緩役是件不光彩的事，艾科卡開始覺得自己是個二等公民。他的大部分好友和親戚都去和德國人打仗了。他覺得自己彷彿是美國唯一沒有參戰的年輕人。所以他只能做一件事，就是埋頭讀書。

就讀理海大學

高中畢業後，艾科卡表現出對工程的興趣，開始注意有名的工科大學，其中最嚮往的是普渡大學。他申請該校獎學金，結果沒成，這令他大失所望。

加州理工學院、麻省理工學院、康乃爾大學和理海大學，都是一流的工學院。他最後選了理海，因為它離艾倫敦的距離開車僅需半小時，離家不太遠。

理海大學的冶金系和化工系是世界第一流的。理海大學對一年級新生要求就像新兵訓練營一樣嚴格，如果到二年級結束不能保持高水準的成績的話，學校就會很客氣地請你離開。

艾科卡一週上六天課。其中統計課是在週六早上八時上課，許多人不及格，而他得了 A。不是因為他統計特別好，而是他每週六準時來到教室聽課，許多同學這時卻因週五夜晚過度狂歡而酣睡不起。

艾科卡從小就懂得一放學先做完作業，晚餐以後再出來

玩。上大學以後，他知道如何專心致志地學習，不受收音機和其他娛樂活動的干擾。他通常會對自己說：「在三個小時內我專心讀書，三個小時一過我就把功課丟一邊去看電影。」

上大學以後，他總是在週一至週五非常努力，盡量留下週末與家人團聚或娛樂。一到週日晚上他再度奮起，開始計劃下週的學習。

艾科卡在理海大學學到的另一個使用時間的方法，就是按事情的重要性排定優先次序，然後傾全力從最重要的開始做起。

艾科卡覺得正確的想法和習慣必須在人生早期就養成，否則一定會積習難改。建立擇優處理事務的順序和良好的運用時間的能力並不是在大學課堂上可以學得到的。學校教育固然可以傳道授業，但那些生活中基本的良好習慣必須靠自己培養。

艾科卡在大學時能專心學習並非完全是自發的，因為那個時候愈來愈多的同學應徵入伍，班上的人越來越少。通常教一班五十個人的老師，變成指導一個五人的研討會的指導員，結果他也受到了一流的教導。

小班制的教育下，每個人都會受到充分的注意，教授可以對每個人說：「告訴我你為什麼不會做那道機器設計題，我會想法讓你了解。」正是由於第二次世界大戰，艾科卡受到了一流的大學訓練。

同時，來自父親的壓力也給了他很大的激勵。就像典型的

移民家庭一樣，艾科卡的父母對能夠有幸上大學的孩子抱著很高的期望，以此來補償他們未能上學的遺憾。艾科卡認為，有責任充分利用父母未能享有的機會，所以他必須得全年級第一名。

但說來容易做時難。第一個學期尤其艱辛，當時他沒有獲得院長獎，父親立即追究原因。他的父親由於對學校情況不夠了解，很難理解：這孩子在高中表現得很聰明，而且畢業時名列前茅，為什麼幾個月以後變得這麼差？他認為艾科卡是因為沉迷於遊樂而荒廢了學業。艾科卡無法使他相信大學和高中截然不同。在理海每個人都很優秀，否則他們根本進不去。

大學一年級時，艾科卡的物理幾乎不及格。教授巴格曼先生是維也納移民，他的口音太重，艾科卡幾乎聽不懂他的話。巴格曼教授是個了不起的學者，但對一年級新生缺乏耐心。很不幸，他的課又是機械工程系的必修課。

儘管艾科卡這門課修得不好，但他和巴格曼教授相處得很好。他們曾一起在校園裡散步，巴格曼教授告訴艾科卡物理學最近的發展。他對核分裂特別有興趣，那時核分裂仍是純假設而已，艾科卡完全外行，對於他講的東西似懂非懂，只能了解個大概。

巴格曼教授有點神祕，每星期他都匆促地下課，然後離開校園，直至下週一才見人影。許多年之後艾科卡才知道這個祕密：巴格曼教授利用每個週末在紐約搞「曼哈頓計劃」。換句話

說，巴格曼不教書的時候就去進行製造原子彈的研究。

　　儘管艾科卡和巴格曼教授有親密的師生之誼，但艾科卡的一年級物理還是只拿了個 D。這是他最差的一科成績。艾科卡在高中數學很好，但缺乏大學的高等微積分和微分方程基礎，所以讀起來很吃力。

　　面對學習上的壓力，他只得想出對策，就是改變。他從機械工程系轉到工業工程系，不久成績也開始改善。四年級他不再修高等流體力學和熱力學而轉修商業課程，如勞工問題、統計和會計學。這些課他學得很好，拿了全 A 的成績。他的目標是爭取拿到學業優等獎畢業。這就要求四年總平均在三點五以上，結果他以三點五三的成績剛好夠格。

　　除了工程和商業課程，艾科卡還在理海大學修了四年的一般心理學和變態心理學。這幾門課可能是他大學所學的最有價值的課程。他說，他在企業界裡與人相處所運用的心理學原理對他的貢獻，比所有他學過的工程課程還要大。

　　有一門課他們一週必須花三個下午和晚上在離校園八公里外的州立艾倫敦醫院精神病房裡上，他們看到各種不同的精神病患者——憂鬱症、分裂症、虐待狂等。

　　這門課的重點內容就是研究人類行為的基本模式。那個人做那件事的動機是什麼？這個女人是怎麼產生憂鬱的這個問題？薩米為什麼會逃跑？喬已經五十歲了為什麼還像小孩子一

樣？期末考試是將一群新的病人交給他們，而他們必須在幾分鐘內給患者做出一個診斷分析報告。

這種訓練的結果，使他能很快地了解一個人。至今他只需要一次見面的機會就能八九不離十地認識一個人。如何識別人非常重要，因為經理人員最重要的工作之一就是正確地聘僱適用的人。

艾科卡連續八個學期沒有過暑假，不斷修課，完成了在理海大學的學位。他很希望聽從爸爸的勸告去休假，享受一點鳥語花香的時光，但戰火正烈，他的朋友正在海外作戰，甚至為國捐軀，所以他覺得必須全力以赴學習好。

除了學習外，他也參與許多課外活動，其中他最有興趣的是編輯校刊的工作。他的第一個任務是當採訪記者，訪問一位利用木炭作動力製出一部小汽車的教授，這當然是在能源危機之前。

他的這篇稿子被美聯社採用，並在成百種的報紙上轉載。由於成功地採寫了那篇報導，艾科卡還被聘為版面設計編輯。

艾科卡還在畢業之前，就想為福特公司工作。

他開著一輛過時的一九三八年出廠的六十馬力福特車，這使他對福特公司產生了興趣。他開這部車爬山的時候，不止一次地突然間換擋不靈，幾乎要了他性命。

他常開玩笑地對他朋友說：「他們需要我。造出這種破車的

公司一定需要幫助。」

在那個年代，有部福特牌汽車，是弄懂汽車的最佳方式。戰時所有的汽車廠都忙於趕製武器而不製造新車，汽車零件也很稀少，只能在黑市或報廢汽車場裡找到。假如那時你很幸運地擁有一輛車，你就得學會如何好好保養它，因而，艾科卡也學會了修車。

戰時車輛非常缺乏，艾科卡畢業時把這輛車以四百五十美元賣掉，而他父親買給他的時候只花了兩百五十美元。

大學四年級的春天，工程師非常缺乏。艾科卡大約有二十個可挑選的工作機會，事實上他想去哪一家工作都可以。但艾科卡還是喜歡汽車而且希望為福特公司工作，這可能跟他懂車的父親有很大的關係。

普林斯頓讀碩士

「爸爸，咱們全家能不能去紐澤西州旅行一次呢？」艾科卡壓抑著內心的激動，平靜地向父親提出建議。

「去旅行？這個時候？為什麼？你的工作還沒安定下來⋯⋯」艾科卡的父親狐疑地看著他。

「如果，我的工作已經落實了呢？」

「你說什麼？你是說福特公司？」

「是的，爸爸，福特公司決定僱用我啦！」

艾科卡像小時候一樣一下子抱住父親，一家人的歡笑聲立刻充滿了整個房間。

「我們馬上就去紐澤西，為什麼不去呢？！」

一路上，全家人哼著歌兒，沐浴著陽光與和煦的春風，駕車向紐澤西駛去。

剛剛到達紐澤西，裡多的行李剛剛整理好，德爾瑪「砰」的一聲推門進來，拿著一封快信。

「里多，你的信。」她叫著艾科卡的暱稱。

「誰來的信？ 誰會知道我在這兒？ 哦……」艾科卡突然想起來了，臨行前，他把自己的行蹤告訴給了學校就業辦公室主任。

「我要去紐澤西旅行了，如果您有什麼事兒請按這個地址給我寫信。」

「祝你旅行愉快。」那個胖胖的主任還笑著跟他道過別。

艾科卡打開信，信中有一份普林斯頓大學研究所獎學金的資料，獎學金包括學費、書籍費用和零用錢。

她告訴艾科卡每年只有兩個人能獲得這項獎學金並且建議他去申請。她說：「我知道你不打算進研究所，但這個機會似乎很有利，你要好好考慮才是。」

　　艾科卡寫信向普林斯頓大學索取詳細資料，他們回信向他索取成績單，接著艾科卡就得到了華萊士紀念獎學金。到普林斯頓校園看了一眼後，艾科卡就決定去那裡念書。他想有個碩士學位不會妨礙自己的事業發展。

　　突然間艾科卡有了兩個絕佳的機會。他打電話給福特公司的古德哈特先生，告訴他自己的處境。

　　古德哈特對他說：「假如普林斯頓大學給你獎學金，你絕對應該去拿這個碩士，我們會保留你的位置直至你畢業。」這正是艾科卡所盼望的答覆，他當時真是欣喜萬分。

　　普林斯頓是個令人愉快的學習環境，比起理海緊張的功課，這裡算很輕鬆。除了主課外，艾科卡選了政治課和一門新課——塑膠。他的一位教授穆迪先生，是世界上著名的水利專家，他曾參與許多大水壩興建計劃。由於戰爭，和理海一樣，普林斯頓的師生人數比例也很高，他們班上只有四個人上穆迪教授的課。

　　有一天艾科卡去聽愛因斯坦的演講，他聽不太懂，但只要看到他就很興奮了。他們的研究所離愛因斯坦執教的高等研究所不遠，能時常看到這位偉大的科學家從窗前走過。

　　艾科卡有三個學期的時間寫碩士論文，但因為他急於去福特公司工作，兩個學期就寫完了。他的研究計劃是設計和手製一個流體動力儀。他和指導教授合製了一個，然後和通用汽車公司

捐贈的引擎連接起來，做了各種試驗，完成了論文。當艾科卡把碩士論文用皮封面裝訂起來的時候，他感到非常驕傲。

那時福特公司的古德哈特先生應徵入伍，而艾科卡在普林斯頓時居然忘記與他保持聯絡，更糟的是艾科卡也沒有他的書面同意書。等艾科卡在普林斯頓畢業時，福特公司根本就沒有人知道他這個人。

艾科卡找到福特公司古德哈特的上司，在電話裡向他解釋了自己的困境。古德哈特的上司說：「訓練班已經結束了，我們已經找到了五十個人。但對你來說有點不公平。假如你能立刻來這裡報到，我們就增額錄用你。」

第二天艾科卡的父親驅車送他到費城，搭「紅箭快車」往底特律，開始了他的事業生涯。

在一夜的旅程中他因太興奮而無法入眠。車到站後艾科卡肩背帆布袋下車，口袋裡有五十美元。他問頭一個碰到的人迪爾伯恩怎麼走，他說：「往西走，小夥子，往西走十公里就到了！」

成為福特功臣

如果你不是第一，你就得銳意創新。

—— 艾科卡

進公司選擇行銷

　　一九四六年八月，艾科卡大學畢業後，當上了一名見習工程師，開始在福特汽車公司工作。

　　首先，他們要接受一系列的培訓，受訓者必須在各個生產環節實際操作一下。他們要走遍公司的每個部門，少則幾天，多則一星期。這樣，他們到訓練工作結束時，對生產一輛汽車的每個過程就都很熟悉了。

　　公司盡量設法使他們有更多的實踐機會。他們先是來到公司有名的紅河廠，它是當時世界上最大的汽車製造工廠。公司還擁有自己的煤礦和石灰礦，因此他們可以親眼看到汽車生產的全過程——從鐵礦開採、煉鋼，直至製造出汽車來。

　　培訓期間，他們所到之處包括冶煉、鑄造、模具工廠，以及檢測跑道、鍛造工廠和裝配線等。不過他們去的地方也並不是都同造汽車直接有關。他們還花大量時間在採購部門工作，甚至到工廠的醫院也待過一段時間。

　　要想了解汽車製造的整個工業流程，紅河廠是世界上最理想的地方。它是福特公司的驕傲，經常有許多國家的代表團前來參觀。日本人在很長一段時間內對底特律是不感興趣的，但最後也蜂擁而至，來紅河廠朝聖。

　　艾科卡終於看到了自己所學的書本知識在實際生產中的運用。他在理海學習過冶金學，如今真的站在爐前進行實踐了。在

機床和沖模工廠，他有機會親手操縱過去只是在書本上看到過的機器，例如刨床、銑床和車床等。

他還在組裝線的最後一個環節工作了四個星期，他的活兒是給卡車大梁上的電器線束安上一個螺帽。這個活兒不難，就是有些單調乏味。

有一天，他的父母來看他。父親對穿著工作服的兒子笑著說：「你上了十七年學，現在你明白了沒能在班裡拿第一是什麼後果了吧？」

監工對他們這些見習工程師的態度還是不錯的，但是工人們對他們懷有疑慮和不滿。起先，他們以為是他們佩戴的「見習工程師」徽章引起的。當他們為此抱怨而把徽章都換成「管理人員」的袖章後，事情卻變得更糟了。

不久後，當艾科卡了解了公司的背景後，很快就明白了這是怎麼一回事。當時，公司的創始人亨利·福特年事已高，公司正由他的幾個親信經營，其中突出的是以強硬態度出名的哈里·貝內特。

這時，工人和管理者之間的關係很壞，以至於他們這些戴著「管理人員」袖章的見習工程師也被捲了進去。許多工人認為，他們是受僱於哈里·貝內特，被派來監視他們的，哪裡知道他們只是剛出大學校門的實習生而已。

雖然關係緊張，但他們還是盡量給自己尋找樂趣。他們這

些來自五十所大學的小夥子住在一起，經常一塊兒喝啤酒，盡可能在工作之餘享受生活。他們在整個培訓過程中的管理還是比較寬鬆的，要是有人溜掉一兩天，開車到芝加哥逛一趟，也不會有人注意到。

實習時間過去一半以後，帶隊人和他們在一起召開了一個會。在公布了每個人下一步的去向後，那個帶隊人說：「嘿，艾科卡，你是專攻機械設計、水力測量設計、自動變速裝置的。你看，我們現在有一個自動變速裝置研製小組，你去那裡工作吧！」

艾科卡到那個研製小組的時候，那裡的五個人已經幹了九個月了。但是艾科卡對工程設計已經實在不感興趣了。他到這裡的第一天，被安排設計一個離合器上的彈簧片，他花了一整天的時間畫圖。他心裡想：「我究竟在幹些什麼呢？難道我這一輩子就幹這個？」

艾科卡願意繼續留在福特公司，但不願整天幹設計工作。他很想搞行銷，他認為這才是有意思的工作。他喜歡和人打交道，而不是機器。艾科卡表現出的不滿，讓負責他們培訓的上司有些不高興了。因為他們是從工學院應徵來的專業技術人員，福特公司為培訓他們花了大量的時間和費用，現在他居然絲毫不考慮公司的目的而想去搞行銷。

但由於艾科卡的堅持，並告訴他們在普林斯頓得到的碩士

學位完全可以代替剩下階段的培訓。廠方妥協了，同意讓他離開，但是去行銷部門的工作得由他自己去與相關部門協商。他們說：「我們是願意你留在福特的，但如果你決意要幹行銷這個行當，你就得自己跟他們聯繫。」

艾科卡立即與在培訓班認識的好朋友法蘭克·齊默爾曼聯繫。他是第一個被應徵進來參加培訓的，也是結業最早的一個。和艾科卡一樣，他也決定不幹工程技術，並且自己聯繫了一個在紐約區經銷卡車的工作。當艾科卡去東部看望他的時候，他們像大都市裡的兩個小頑童一樣，跑著跳著去飯館吃飯，逛夜總會，飽覽曼哈頓清晨日出的美景。

「上帝啊！」艾科卡激動地想，「我總算回到了這裡。我來自東部，這裡才是我真正的落腳點。」

當他來到福特公司紐約區銷售辦事處找經理時，他剛巧外出，艾科卡只好去見兩個副經理。他有些惴惴不安，因為他學的都是跟工程設計有關的，而不是行銷，除非給他們留下一個極好的印象，他才有可能在此找到一份工作。

艾科卡把從迪爾伯恩帶來的一封推薦信交給其中的一個副經理。他伸出手來接過信件，卻沒有離開他正在看的報紙。事實上，在整個半小時裡，他一直在讀《華爾街日報》，沒有抬過一次頭。

另一個副經理態度也好不了多少。他先是朝艾科卡腳上的

鞋瞥了一眼，然後就開始打量艾科卡，似乎很在意他的領帶是否繫直了。然後問了他幾個問題。看得出來，聽到他受過大學教育，並且在迪爾伯恩待過，他是不高興的。

可能他認為，艾科卡在這裡工作會影響他的前程。很明顯，他不準備僱用艾科卡。他說：「先回去等幾天吧，等我們的電話。」

這時，艾科卡心裡實在不是滋味，就像一個演員在百老匯歌劇院試唱失敗一樣。

現在，艾科卡的唯一希望是到另一個區的銷售處再碰碰運氣。所以，他又聯繫了離費城不遠的賓夕法尼亞州切斯特區銷售處的經理。這一回他運氣好多了，這個區的經理樂意給他提供機會，僱用他在辦公室做一般的文員工作。

在這裡，艾科卡的任務是和代理商溝通新車的推廣和調配問題。這個工作不好做，常常使他感到緊張和不安。他每當拿起電話時，心裡就發毛，因此在每次打電話前，他總是把要說的話練習了一遍又一遍，生怕被人回絕。

有人認為，優秀的推銷員是先天的而不是後天培養出來的。就目前的艾科卡來看，似乎他沒有這方面的任何天才。他的大多數同事都比他輕鬆，而且銷售業績都不錯。

開始的一兩年，他工作起來總是比較呆板，不夠靈活，工作起來也很拘謹。後來他就著力總結過去的一些經驗，工作開始

有了改進。一旦把新資料拿到手以後，他就馬上斟酌推敲應該如何把它們說明白，說得讓對方愛聽。漸漸地，對方聽他介紹時不再很快掛電話了。

艾科卡的推銷生涯，就像當年在大學裡一樣，經過一段時間的努力之後，開始變得順利和出類拔萃了。

第二次世界大戰期間，家用小汽車幾乎停止了生產。

隨著經濟逐漸恢復正常，這種汽車供不應求，每輛新車都能按照經銷商定的價格銷售出去。許多汽車銷售商還設法從顧客手裡買舊車，因為即使一輛用得很舊的汽車，一轉手就能賺得一筆可觀的錢。

雖然艾科卡在銷售處的地位並不高，但由於新汽車供不應求，他的工作也很有油水可撈。如果他想做手腳的話，很容易就能發大財。當時，偷偷摸摸的背後交易很多，僱員們把車調配給他們的朋友，從中得到禮物或受賄的勾當經常發生。

汽車經銷商越來越富了。

市場上汽車根本沒有固定的價格，漫天要價也照樣成交。有些地區的僱員拿原則做交易參與牟取暴利的活動。這一切使艾科卡這個離開學校沒多久的、沒有什麼雜念的年輕人感到震驚。

最後，艾科卡終於離開了守電話機那個普通文員的崗位，新的工作是作為零售和批發代表訪問各處的經銷商，並向他們提供銷售的訊息。他熱愛這個工作，為之爭分奪秒，到處奔忙。他

終於真正地、完全地步入了社會。

　　艾科卡每天心情愉快地開著嶄新的汽車駛向各地，和幾百個經銷商共享他的最新訊息，而他們都希望能透過艾科卡的幫助成為百萬富翁。

擔任區銷售經理

　　一九四九年，工作努力的艾科卡當上了福特公司在賓夕法尼亞州威爾克斯巴里的一個銷售區的經理，任務是同當地的十八個銷售代理商保持密切合作。

　　對他來說，這是他一生中一個很關鍵的階段。

　　因為代理商是汽車經營業的關鍵，所以一旦他們同母公司建立了密切的工作關係，便可成為美國最理想的企業家。工廠生產出來的汽車都得靠他們賣出去和提供服務。

　　因為艾科卡直接同代理商合作，所以懂得他們的重要性。後來，在他當上經理後，就盡量同他們搞好關係。他知道，如果想要把汽車生意做得好，公司必須和代理商密切合作，也就是說，公司必須同代理商的推銷工作保持協調一致。

　　艾科卡看到了大多數汽車公司當時存在的問題，他們很少認真傾聽那些代理商、也就是公司最直接的顧客的意見，他們極少被公司奉為上賓。有時候他們提出的意見公司可能不愛聽，但那是來自銷售最前端的訊息，是銷售的第一手資料，那些訊息有

時會非常重要。

在切斯特的那些日子，艾科卡獲得了許多關於汽車零售方面的知識和經驗，這些知識和經驗主要是從威爾克斯巴里一位行銷經理莫里·凱斯特那裡學來的。莫里擅長於訓練和激勵那些經銷人員。

莫里有一招是，每當汽車賣出去三十天後，他就主動打電話問買主：「你的朋友們喜歡你買的車嗎？」他的策略其實很簡單。他覺得，如果你問買主本人是否喜歡，他很可能挑出一些毛病來；但是如果你問的是他的朋友認為他的車怎麼樣，那麼，他很可能告訴你說，這輛車如何了不起。

即使他的朋友並不喜歡這輛車，他也不能承認，至少不會那麼快承認。他心裡還會覺得，他買這輛車是精明的。如果你夠聰明和機智，你還可以乘機向這位主顧打聽他朋友的姓名和電話，興許他們想買一輛類似的車呢！

莫里說：「記住，任何人買了一樣新東西，包括房子、汽車或是股票，開始的幾個星期裡他總是覺得好的，哪怕是買錯了。」

莫里還是個講故事大王。他的故事都是從他姐夫那裡聽來的。他姐夫是美國著名的喜劇大師亨尼·揚曼。

有一次，莫里把亨尼從紐約帶到費城，讓他在布羅德飯店舉行的一次銷售大會上作演講。

在亨尼鼓動起群眾的情緒後，艾科卡就開始介紹新汽車。那是他第一次聽到亨尼的一句名言：「請帶上我的妻子吧！」

艾科卡學會了莫里的做法，習慣於給代理商們一些有用的提示，他常常告訴他們：商人必須能適應主顧，恰到好處地提一些對促進買賣有利的問題。

他說，如果一個主顧提出要買一輛紅色敞篷車，那你賣給他就是了。但有許多主顧不知道自己到底該買什麼樣的車，因此經銷員就應該幫助他們挑選。某種程度上說，買一輛汽車與買一雙鞋沒有太大區別。如果你在鞋店當售貨員，你得首先量顧客的腳，再問問他需要的是運動鞋，還是正式場合穿的。買汽車也是如此。

他對代銷商們說，你還應當搞清楚，他買車是做什麼用的，他家裡還有什麼人會用這輛車。你也可以算一下，多高的價格他買得起，這樣你就心中有數了。

艾科卡在切斯特工作期間，還受到另一位才能卓越人士的影響。除了他父親以外，沒有一個人像他那樣對艾科卡的一生產生如此大的影響。他就是福特公司東海岸經理查利·比徹姆。

和艾科卡一樣，他也是工程師出身，也和艾科卡一樣接受了工程技術人員所受的一系列培訓，但後來轉入了推銷和市場工作。他是艾科卡一生中關係最密切的良師益友。

查利是個熱情、開朗的南方人，他個子高高的，臉上常帶

著可愛的笑容，特別富有感染力。他善於誘導和鼓動人，能叫你明知有風險也要義無反顧地衝上去。

查利很多的時候都是慷慨大度的，但有時也很冷峻嚴厲。有一次，在東海岸地區的十三個小區中，艾科卡的區銷售情況最壞。

查利看到他在汽車庫前踱來踱去，就走了過來，把手放在他的肩上說：「為什麼垂頭喪氣？」

「查利先生，在總共十三個區裡，這個月我們區的銷售量排第十三位。」艾科卡回答。

「去他的，總有人要得最後一名的，何必如此煩惱。」說完查利就走開了。

當他快上車時，又回過頭來對艾科卡大聲說：

「不過聽著，可不要連續兩個月都排在最後一名！」

他說話很風趣。有一次有人談到派一些新招收來的經銷人員去訪問費城的一些汽車商，這些汽車商都是很難對付的。查利認為派這些年輕人去太不合適。他說：「這些年輕人正是春天的綠草，會被奶牛吃光的。」

他有時卻直截了當。他常常說：「主要是賺錢，其他的少考慮。這是一條盈利制度，夥計，其餘都是次要的。」

查利常常談到外出辦事要精明幹練。這些是只能意會，不

可言傳的。他對艾科卡說：「艾科卡，你要記住，作為一個人，最重要的是你的理智和判斷力。這就是人區別於猴的地方。所以如果你不會辨別謊言和真話，那麼就太糟糕了，因為不能辨別就不會成功。」

查利在他認為有必要的時候會變成一個很粗暴的上司。但是如果你能為自己的錯誤承擔責任的話，查利就能容忍你的錯誤。

他對艾科卡說：「要永遠記住，人人都會犯錯誤的，問題是多數人不承認自己的錯。他會設法把錯誤歸罪於他的妻子、女傭人、孩子、狗甚至天氣，但絕不責怪他自己。所以，如果你做了錯事，請不要找任何藉口，先用一面鏡子照照自己，然後來見我。」

艾科卡後來說：「再也不可能碰上第二個像查利那樣的人了。他在我的心目中有著特殊的位置——有時我想他的這一形像是他自己精心造就的。他不僅是我的良師，遠遠不止這些。他常折磨我，但是我愛他！」

當艾科卡變得更有自信心和工作上更順利的時候，查利派他去指導商人如何推銷汽車。艾科卡為此還寫過一本題為《卡車推銷員的僱用和訓練》的小冊子。毫無疑問，艾科卡離開工程技術工作是一次正確的抉擇。這裡才是他有所作為的地方，而他尤其喜歡自己在這個行業中所處的位置。

　　艾科卡在切斯特事業上的順利和成功不全是他個人努力的結果。那是他有幸在適當的時候找到了適當的崗位。由於福特公司正處在改組階段，個人就有了許多被提拔的機會。一旦機會來了，他就緊緊抓住不放。不久以後，查利又派他去更遠的地方。

　　艾科卡像巡迴推銷員一樣，帶著他這一行的工具，如幻燈放映機、海報和圖表等，奔波於東海岸的各個城市之間。他常常在星期日夜間到城裡，然後給福特公司在這個地區的汽車推銷員上五天訓練課。他整天談的都是如何經銷。像做別的任何事一樣，只要下了功夫，就會掌握到你做的這項工作的要領。

　　由於工作需要，他必須經常打長途電話。那時候還沒有直撥的電話，必須經過接線員。他們問艾科卡的名字，他說姓「艾科卡」。當然，他們不知道怎麼拼寫，寫對它還得費一番勁。接著他們又問他教名，他告訴他們叫「李都」，接線員就大笑起來。後來，他想，「我要這個名幹嘛？」從此艾科卡便開始對外稱自己為「李」了。

　　在他第一次去南方以前，查利把他叫到辦公室，說：「李，你將要去我的家鄉，我想勸你兩點：一是你說話對於南方人來說速度太快，你應該說慢一些；第二，他們不喜歡你的名字。所以你可以對他們說，你有一個很有趣的教名『艾科卡』，你的姓是『李』。南方人會喜歡這樣的名字的。」

　　南方人果真喜歡這個名字。每次會議開始，艾科卡就把這

個姓介紹給大家。他完全消除了這些南方人的猜疑，他們忘了他是一個義大利人。很快，他們認為他是一個不錯的小夥子。

艾科卡坐火車到過南方的諾福克、夏洛特、亞特蘭大和傑克森維爾等地，工作很努力。南方所有的汽車商和推銷員他都認識。他雖然也遇到過許多障礙和難以忍受的忌妒，但他感到很幸福。他曾經希望自己能成為汽車業中的一員，而現在，他終於如願以償了。

出妙計一舉成名

艾科卡在切斯特順利地工作好幾年後，遭到了一次意外的挫折。

一九五〇年代初期，發生了一次不算太嚴重的經濟衰退，福特公司決定大量裁減職工。有三分之一的經銷人員被解僱了，其中包括艾科卡的一些好朋友。他是幸運的，因為他只是降了職而並沒有被解僱。但有一個時期，看到身邊的人不斷離開，他的情緒也受到了影響，他感到很痛苦。那時，他曾經起了去做飲食生意的念頭。

但是，他對自己從事的工作一直有一個信念，就是遇到艱難險阻，也會堅持做下去。堅強的信念讓他不再煩惱，他拚命工作，用雙倍的努力把工作做得更好。

他說：「生活中的挫折和失敗在所難免，必須學會正確對

待。否則，無休止地煩惱下去很可能早就被解僱了。」

至一九五三年，艾科卡已當上了整個費城地區銷售副經理。不管汽車商能不能把汽車推銷出去，汽車還在一輛輛被不斷地生產並運送出來，如果不想辦法盡快賣掉，就會很快地遇到麻煩！

天有不測風雲，甚至會是傾盆大雨。對艾科卡來說，一九五六年是個多事之秋。

那一年，福特公司決定把宣傳重點放在提高汽車的安全係數上，而不是汽車的性能及馬力大小。公司實行了一系列的安全措施，包括改進儀表板的防震墊等。

公司給他們送來一部放映給汽車商看的影片。內容是，有位乘客的頭部撞到儀表板上後，由於有新的防震墊，所以安然無恙。為了說明這一點，影片介紹說，這種防震墊很厚，如果一個雞蛋從兩層樓的高度落下來，雞蛋將會從墊上彈起而不碎。

對此，艾科卡想真正試一下。他不是讓推銷員透過看電影來了解防震墊的安全性，而是真的把一個雞蛋從高空中扔到墊子上。在一次地區的推銷會上，大約有一千一百人觀看他的表演，希望證實公司這種新研製的防震墊的有效性。

他把防震墊鋪在講台上，手裡拿著一盒雞蛋爬到旁邊一個很高的梯子上。

他投出的第一個雞蛋根本沒有落到墊子上，而是跌碎在木

頭地板上，引起觀眾的哄堂大笑。在扔第二個雞蛋時，他更小心了，可是替他扶著梯子的助手偏偏在這個時候晃了一下，結果雞蛋砸到了底下人的肩膀，這時全場觀眾再次喝起倒彩來。

第三、第四個雞蛋倒是落到了防震墊上，但是很不幸，雞蛋都被摔壞了。最後的第五個雞蛋達到了目的，觀眾們都站了起來，狂熱地鼓掌，當然還有不少人同時在起鬨。

他從那一天所發生的事得到了兩點教訓：一是不能在推銷會上用雞蛋作表演；二是不能在顧客面前說無準備的話，做無準備的事，這樣才有利於推銷產品。

那一天他的臉上有一些黏糊糊的雞蛋液，那是他在尷尬的時候，手無意識地蹭上去的。而那一天發生的事，最後成了一九五六年汽車銷售情況不佳的先兆。福特公司發動的提高安全係數運動是個大失敗。這個運動雖然設想很好，大張旗鼓地推動了一番，但沒有得到顧客的積極回應。

那一年，福特公司的各個地區的汽車銷售情況都不好，而艾科卡所在的地區是銷售量最差的一個。在「雞蛋事件」以後，艾科卡想出了可行的計劃，至少他認為如此。

他決定，任何客戶如果買了一輛一九五六年型的福特新車，那麼可以先付百分之二十的價錢，其餘的以後每月付五十六美元，三年付清。這樣幾乎任何人都能買得起。他希望這樣做會促進他們區的汽車銷路。他把這個辦法叫做「五十六元換五六

型」。

「五十六元換五六型」立竿見影，新汽車的資金不斷回籠。僅僅三個月的時間裡，費城地區的汽車銷售量從全國最後一名一躍成為第一名！

在迪爾伯恩的福特公司福特部副總裁、將要成為甘迺迪政府國防部長的勞勃·麥納馬拉非常欣賞這項計劃，他甚至把這個計劃列入福特公司全國銷售策略的一部分。他後來曾估計，這項計劃使福特多銷售了七萬五千輛汽車。

艾科卡就這樣，十年艱辛，一日成名。突然間，他成了知名人士，甚至成為國家最高機構裡議論的人物。十年來，步履維艱，如今有了轉機，他的前景一下子變得光明和廣闊了。作為對他的一種酬報，他被晉升為華盛頓特區的經理。

這個時候，還沉浸在興奮中的艾科卡喜上加喜，他結婚了。

他的新婚妻子瑪麗·麥克利里是福特公司在切斯特一個裝配工廠的招待員。八年前，在費城的斯特拉特福飯店舉行的一次新車推介招待會上，他和瑪麗相識。他們戀愛了好幾年，但由於艾科卡經常外出奔波，他們的婚期一再推遲。

一九五六年九月二十九日，他們終於確定準備在切斯特聖羅伯特街的哥德式教堂裡舉行婚禮。

到公司總部任職

為了在華盛頓物色一幢房子，艾科卡和瑪麗奔波了幾個月。

他們剛買到房子後的一天，查利告訴艾科卡說：「你得準備到另外一個地方去工作了。」

艾科卡吃驚地說：「你在開玩笑？！我下週將要結婚，剛剛買了所房子。」

查利說：「很抱歉，如果你想拿薪水的話，你的薪水支票是在迪爾伯恩。」

艾科卡不僅必須告訴瑪麗，他突然要調到底特律去工作，而且還必須告訴她關於蜜月的安排。在他們回到馬里蘭漂亮的家以後，他只能在那裡和她待一個夜晚，接著馬上就得出發！

查利這時已被提升，擔任福特部全國轎車和卡車銷售負責人，他帶艾科卡到迪爾伯恩任卡車行銷部經理。過了不到一年，艾科卡又被任命為轎車銷售負責人，一九六〇年三月，他同時兼任這兩個重要職務。

在艾科卡第一次會見他的新上司勞勃・麥納馬拉時，他們談的卻是鋪地毯的事。艾科卡雖然因提升到全國總部工作而很高興，但還是為在華盛頓添置的新房而花費的那筆錢而不安。

麥納馬拉安慰他說，公司將買下他的房子。但艾科卡卻在想，光是鋪設地毯，他和瑪麗就花了兩千美元，這對於當時的他

們來說可是一筆不小的支出。於是他希望福特公司能付給他這筆錢，但麥納馬拉不同意。

他對艾科卡說：「我們只是買房子。但是你不要擔心，我們在發放你獎金時將會考慮到你的地毯的事。」

這個主意聽起來還不錯，但當他回到辦公室時，又產生了另一個念頭。「這不行，」他想，「我甚至還不知道，如果沒有地毯問題的話，我的獎金應該是多少，我怎能肯定他們把這些都考慮進去了呢？」

日後，它成了艾科卡和麥納馬拉談笑的話題。在那個時候，艾科卡考慮的不是威望和權力，而只是金錢。

勞勃・麥納馬拉在第二次世界大戰時是一名空軍文職軍官，十一年前就和他在空軍的同事一起來到了福特公司。

他有著非凡的智力和靈敏的反應，艾科卡說，那是他碰到過的最精明的人之一。他是智力的巨人，有著驚人的記事能力，因此學過的東西能記住不忘。麥納馬拉不僅對現實瞭如指掌，而且還善於假設。如果你和他交談，你會覺得他早已考慮過可以料想得到的各種辦法和方案的具體細節。

當要進行很大一筆投資的時候，麥納馬拉就要斟酌各種不同的方案可能造成的後果。和別人不一樣，他的腦子裡裝有十多種不同的計劃，而且能一一講出所有的事實和數據，無須查看他的筆記。

他教導艾科卡要把自己所有的想法都寫下來，「這樣你的效率才會高」。他常常教導艾科卡，他對艾科卡說：「你過去可以毫無計劃地做你的推銷工作，根本不用提前把什麼寫下來，但現在不同，我們做的都是大生意，有時甚至達到一億美元。遇到這種情況，你晚上次家就要把你的想法都寫在紙上，如果你寫不出來，就說明你還沒有真正想好怎樣去完成這項工作。」

對艾科卡來說，這是很寶貴的一課。從那以後，他一直遵循麥納馬拉的教導，不管什麼時候，他手下的人一有了新的主張，他都要他們寫下來交給他，他不希望任何人單憑悅耳的聲音或是個性魅力就想把主張口頭推銷給他。

麥納馬拉是一個優秀的生意人，他理解消費者的心理。他堅信要多生產實用的汽車，才能滿足人們的基本需要。他認為多數豪華高級汽車的生產要放在次要地位。生產這一類汽車也只是因為它們可以獲得高額利潤。麥納馬拉十分精通經理的業務，他的作用對公司來說是舉足輕重的。他堅持實行自己篤定的一套做法，儘管同意他觀點的人不多。雖然他有當公司總裁的願望，但他從沒有指望能得到這個職務。

有一次他對艾科卡說：「我當不了總裁的，因為我和亨利·福特並非處處看法一致。他對現實的評價是正確的，但對今後的預見並不見得都對。」

艾科卡覺得麥納馬拉一定會實現他的目標，因為他是一個

意志堅強的人，他始終為自己的信念進行不懈的鬥爭。

　　一九五九年麥納馬拉終於使他的新車問世了。這種叫做「獵鷹牌」的汽車是美國最早生產的小型汽車，車價很便宜，因為造價本來就不高。單是頭一年，銷售量就十分驚人，共賣出四十一萬輛，這種情況在汽車銷售歷史上還沒有出現過。

任福特部總經理

　　麥納馬拉於一九六〇年十一月十日成為公司總裁，艾科卡也在同一天繼任麥納馬拉的原職務——公司副總裁和福特部的總經理。他們兩人晉升之日，正是約翰·甘迺迪當選總統之時。

　　幾天之後，當甘迺迪著手組閣的時候，新當選總統的幾位代表飛抵底特律會見麥納馬拉。除了其他職務外還兼任哈佛商學院教授的麥納馬拉被任命為財政部長，他沒有接受這一任命。然而，甘迺迪對他仍然有著極好的印象。後來甘迺迪重新任命麥納馬拉為國防部長，他同意了。

　　雖然「獵鷹」車很受歡迎，但它卻沒有帶來福特公司所預期的盈利。這種價格不高的小車，利潤很有限，而且可供挑選的式樣不多。這就侷限了它的市場份額。艾科卡就任福特部總經理後，開始考慮要造一種既受歡迎又可以賺很多錢的汽車。在兩年內，艾科卡就把他的這個想法變為了現實。

　　在艾科卡三十六歲時，他成了世界上第二大汽車公司最大

一個部門的總經理。雖然如此，他實際上在這個業務遍布美國各地、光福特部就有上萬人的大公司裡並不十分有名。福特公司有一半職工不知道他是誰，而另一半人也許還不能正確地念出他的名字。

艾科卡為自己的晉升而興奮，但他也明白這使他處於一種微妙的境地。一方面，他突然得以主管福特公司最優秀的部門，亨利‧福特也已經親自把福特部總經理的桂冠戴在了他的頭上；但另一方面，在他逐步晉升的同時，還有許多年齡比他大、經驗比他多的人沒有得到提拔。

其中有些人，對於艾科卡的迅速獲得成功心懷不滿。另外，作為一個汽車製造公司的高級管理人員，他還沒有一個令人信服的成果，從這一點來說，人們就不能指著一輛汽車說：「看，這車是艾科卡造的。」

艾科卡一上任就非常明白，他必須有使眾人心服口服的業績，必須要推出一款新車。首先，他要必須弄清楚，要實現他的那個造新車的理想，什麼是最先要解決的。

他是從福特公司在華爾街的股票想起來的。福特汽車公司在四年前就開始公開出售股票。現在，公司為大批股票持有者所擁有，這些股票持有者對公司的生產力以及公司的繁榮興旺十分關切。像其他公司一樣，福特公司每隔三個月向股票持有者作一次詳盡的財經報告，他們透過報告來對公司進行監督。

　既然公司股票持有人有一種一季一查的制度，為什麼公司的管理人員不可以有呢？於是，艾科卡便開始建立起一種新的、直至今天還在執行的管理制度：他定期向一些負有重要責任的部下提問，他也讓他們以同樣的方式向手下提問，並以此類推。

　幾個基本問題是：今後九十天裡你的目標是什麼？你的計劃是如何安排的？你工作的先後次序是什麼？你希望取得什麼樣的成果？你打算怎樣實現它們？

　每隔三個月，每個經理要和其頂頭上司坐在一起檢查自己在過去三個月裡的工作，並且制訂出下階段的目標。一旦上下都同意下階段的計劃，經理就用文字記下來，然後由上司在上面簽字。

　經驗證明，把計劃用文字寫下來是實施它的第一步。口頭講時，你可以模稜兩可，甚至是瞎說、言不由衷。但要把你的思想寫在紙上就不一樣了，你必須考慮一些具體的東西，如項目、步驟、實施方案等。這個時候你既騙不了自己，也難以騙別人。

　一季一查制度聽起來很簡單，如果不考慮其效果的話，則會形如虛設。這種制度之所以有效，有幾方面的原因：第一，它使人人有一種主角的心理，自己給自己規定目標；第二，它可以使人工作更具有成果，刺激人的主觀能動作用；第三，它把下級的新主張傳遞給上級，做到了上下貫通，使下級的想法及時讓上

級知曉。

　　這種一季一查的做法，讓上級明白了下級在想什麼、在做什麼，他該如何面對當前的狀況，迫使每個經理冷靜下來考慮他們已經完成了什麼，下一步準備完成什麼以及如何來完成下一步計劃等。艾科卡沒有看到過比這個辦法更能夠促使人想方設法去解決難題的了。

　　艾科卡覺得，這種制度的另一種好處，特別對大公司來說，是可以防止人才的埋沒。如果每季的工作都要受到上司的直接檢查，還受到上司的上司們的間接檢查，真正有能力的下屬就不太容易被埋沒。同樣重要的是，幹得差的人也難於矇混過關。

　　最後一點，恐怕也是最為重要的，這種一季一查制度迫使經理和上司進行對話。這樣，你就不需要建立一個專門的機構來保證他們之間的定期對話了。這就會成為上下級相互溝通的一座橋梁。

　　有些經理和他的上司即使關係不融洽，那他們每年也至少有四次一起坐下來討論在今後幾個月裡要做些什麼。他們是無論如何也迴避不了這種會議的，天長日久，他們就會逐漸相互了解，他們的工作關係也會隨之得到改善。

　　一季一查的制度按照預定的設想順利地進行著。艾科卡對他們說：「這是我的管理辦法。我會讓你們見成效的。這並不是說，你們非得按我的辦法做。如果你們有別的辦法，可以取得同

樣的效果，我並不反對。」

　　艾科卡還意識到一個問題，因為企業龐大，用什麼辦法讓這麼大的一個集體都保持行動一致，都能為一個目標去努力？艾科卡從一個朋友那裡得到了啟迪。

　　有一次，他與一個朋友，一個被人稱作神通廣大的足球教練文斯‧隆巴迪共進晚餐。他問起隆巴迪成功的祕訣。艾科卡對什麼力量能促使一個足球隊贏得冠軍很感興趣。那天晚上，艾科卡發現隆巴迪跟他談的不僅適合於足球領域，同樣也適合於公司管理。

　　隆巴迪說：「你必須從教基本要領開始，讓每個運動員都要懂得比賽規則和要領，懂得如何完成他這個位置上的任務。其次，你必須使他服從整體，這是紀律。比賽時全體隊員一定要作為一個整體而不是一群烏合之眾在場上亂跑。這裡沒有任何可以容納個人英雄主義者的地方。」

　　隆巴迪繼續說：「有許多教練雖然有一批既懂得基本要領又守紀律的運動員，但還是不能在比賽中獲勝。這就得要注意第三個要素了，如果要在比賽中配合成一個整體，就必須互相關心，互相愛護。每個運動員一定要為他的隊友著想，他要對自己說，『如果我不上前去對那個人加以阻止的話，我隊友的腿也許會斷的。為了能讓球隊獲勝，我必須盡到自己的責任。』」

　　隆巴迪說：「平庸與偉大之間的區別就在於運動員互相之間

的這種感情，許多人稱它為球隊精神。當運動員們具有這種精神時，你已經使你的球隊立於不敗之地了。」

「而且，」隆巴迪又說，「每當一個足球運動員外出踢球，他都必須用整個身心來踢球，從腳掌直至腦袋。當然，有些人踢球時只用腦袋，而有些人從不用腦袋。這就需要教練和其他隊員幫他完善自己，如果你的球員都是既有智慧又有滿腔熱忱，那麼你就會總是衛冕成功。」

接著，隆巴迪幾乎有意識地說：「李，你知道我為什麼要向你談這些嗎？你在辦公司，但不管辦球類俱樂部還是辦公司，道理都一樣。單憑一個人的力量難道能夠造出一輛完整的汽車來嗎？」

隆巴迪的話深深地印在了他的腦海裡。

他的話當然是正確的。艾科卡見過許多經理，儘管有聰明才智，但就是發揮不了作用。他們看起來似乎什麼條件都具備，但就是在業績上沒有大的進步。他們不是懶漢，他們找到了好工作，工作也很努力，但卻一事無成，因為他們總是不能像一個運轉完善的機器那樣同別人合作。

艾科卡除了提醒自己時刻要注意這一點外，他總是提拔那些有能力、又懂得和別人和睦相處的人，讓他們和自己一起去把所有的人團結在一起。這一點為他在今後大展宏圖、團隊順利運轉打下了堅實的基礎。

除此之外，艾科卡物色擔任公司最高層經理人員的標準是工作勤奮。他們常常幹得要比別人預料得多。他們總是為了達到新的目標而不斷努力，還設法幫助周圍的人做好工作。這就是這些人的特點。

在福特部任總經理時，是他一生中最愉快的時期。對他和同事們來說，這一階段他們既滿懷熱情地辛勤工作，又充滿了幻想。

在那些日子裡，艾科卡等不到天亮就起來工作；當夜幕降臨，他還捨不得離開崗位。他的工作精神帶動了他的團隊，他們年輕而又自信，把自己看作是藝術家，新的汽車就是他們的藝術品，他們想設計出世界上前所未有的精彩傑作。

盡全力研製新車

一九六○年，因為一位年輕的總統上任，美國充滿一派樂觀氣氛。

甘迺迪入主白宮，美國大陸吹起了一股清風，它帶給人們一個無聲的訊息，似乎現在是什麼事情都能實現的。甘迺迪與艾森豪威爾形成了鮮明的對比，這種區別可以用一個詞來歸納，那就是「年輕」。

當艾科卡正在為實現自己充滿生氣的理想開始奮鬥的時候，他又有了其他任務。在「獵鷹牌」汽車獲得顯著成功後，勞

勃‧麥納馬拉又批准開發另一種新車，一種準備在德國工廠生產的「紅雀牌」小車。這種車計劃在一九六二年秋開始推出，艾科卡的任務之一就是監督「紅雀牌」車的生產。

因為麥納馬拉比較重視汽車的低耗油和基本運載能力，「紅雀牌」被認為是用來同「伏爾加牌」競爭的。同「獵鷹牌」車一樣，「紅雀牌」車也具有車身小、結構簡單和價格低的特點。這兩種車都體現了麥納馬拉一個深信不疑的思想：車只是運載工具，而不是玩具。

在福特部任職幾個月後，艾科卡去設在德國的工廠察看「紅雀牌」車的進展。這是他第一次到歐洲，感到有些興奮。但當他最後看到「紅雀牌」車的時候，卻沒有讓他更興奮的感覺。

艾科卡認為，「紅雀牌」車採用 V－4 引擎和前輪驅動，也許在歐洲市場銷路會很好；但是如果在美國，估計計劃生產的那三十萬輛無論如何也賣不出去。「紅雀牌」車還有車身小、不帶行李箱等缺點。雖然這種車耗油少，但這一點當時還不是美國人首先要考慮的。而且車的式樣也不新穎，看起來像是和之前的車由一個老年委員會設計的。

艾科卡從德國回來，馬上去了亨利‧福特的辦公室。艾科卡告訴他：「不能在失敗的『埃德塞爾』車之後再次推出『紅雀牌』車，以免重蹈覆轍。絕不能再生產一種不能吸引年輕客戶的新車了。」

艾科卡強調了年輕一代的購買力越來越強，而這種力量還沒有被充分認識。艾科卡深知，亨利這位自視為追求時尚的老闆，並不像他自己認為的那樣了解青年人的需求。

亨利看了艾科卡一眼，說：「你和董事們討論一下，聽聽他們什麼意見。」

艾科卡後來又去找公司其他高層管理人員和董事們討論「紅雀牌」車的前途問題。給他留下的印象是，整個公司的人都對「紅雀牌」車沒有主見。年齡大的人希望有一個類似艾科卡這樣大膽的年輕人能夠出個主意。這樣，如果停止「紅雀牌」車的生產一旦成了嚴重錯誤的時候，他們誰也不需要為此承擔直接的責任。雖然公司已經為「紅雀牌」投入了三千五百萬美元的資金，他依然堅持認為，這種車沒有銷路，我們應當放棄生產「紅雀牌」的計劃，避免更大的損失。

艾科卡應當感到欣慰，因為除了負責國際經營部的主任約翰·巴加斯和主計官米勒，大家都接受了他的主張。雖然巴加斯是艾科卡的好朋友，但他依然希望「紅雀牌」能夠生產出來，因為它是海外造的。米勒關心的是已經投入的資金。作為一個名副其實的鐵算盤，他所看到的主要是，如果不生產，三千五百萬美元將列入那個季度的損失。

「紅雀牌」的結束使艾科卡能致力於自己的計劃了。他立即把福特部的一幫生氣勃勃、富有創造力的年輕人召集在一起。他

們約定，每星期在離辦公地不到兩公里的費爾蘭因飯店聚餐一次。

他們決定在飯店會面是因為艾科卡想避開一些耽誤時間的爭吵。因為，有些資格比較老的人總是找麻煩和他吵架，以發洩未能得到提升的怨氣，有一些人甚至正盼著他們失敗。

而艾科卡找的這些人中有的雖然有才，卻未必是公司裡受歡迎的人。時間緊迫，艾科卡沒有工夫和精力耐心地開導這些老爺，所以只好先迴避。更何況到目前，艾科卡還沒有能證明他是個稱職的副總裁。

產品部經理唐‧弗雷就是這個小集體中的關鍵人物，還有哈爾。其他成員包括搞銷售工作的法蘭克‧齊默爾曼，公共關係部經理、艾科卡在福特工作期間的忠實朋友沃爾特‧墨菲以及賽德‧奧爾森。奧爾森是作家，曾為羅斯福總統撰寫演講稿，「民主思想武庫」這個詞就是他首創的。

這個小集體被他們自己稱呼為「費爾蘭委員會」。這些「委員們」朦朧地感覺到，在今後幾年內，汽車市場的購買興趣將發生很大變化，雖然他們無法確切地預測這種情況將在何時發生。

他們還了解到，通用汽車公司已將他們的「科維爾牌」廉價小汽車改裝成熱門的「蒙薩牌」汽車。改裝只是加了一些華麗的附件，例如圓背座椅、變速桿以及一些漂亮的內部裝飾。許多人正在考慮購買「蒙薩牌」汽車，這些顧客無疑代表了正在不斷增

長的汽車市場，而福特公司卻拿不出一輛這樣的新車來。

此時，福特公司公共關係部不斷地收到群眾來信，要求生產兩輛「雷鳥牌」汽車。對此，他們感到非常驚訝，因為「雷鳥牌」汽車的銷路並不好，三年內只賣出了五萬三千輛。不過這些信件告訴他們，顧客的興趣正在發生著變化。

福特的市場研究人員還證實，青年人將在今後十年的人口總數中占有較大的比例。比如說，人口的平均年齡正在迅速下降。第二次世界大戰後出生的幾百萬年輕人將對全國的汽車市場產生影響，成為購買的主力軍。

市場研究人員還作了雖不怎麼明確但十分有趣的說明。不僅年輕人的數量要比以往多，而且受到高等教育的年輕人也比以往要多很多。他們了解到，受過大學教育的人買車的比例遠遠高於沒有受過大學教育的人。他們預計，大學生的數目到一九七〇年將增一倍。

年齡大的人當中，汽車的購買力也同樣在發生有趣的變化。顧客們不單是考慮車的實用價值，也要講究豪華時尚。

艾科卡他們得出的結論是：「埃德塞爾牌」汽車尋找的是一個幾乎不存在的市場，而現在卻有一個市場在尋求合適的汽車！一般情況下，底特律的做法是先造出一輛車來，然後設法向顧客推銷。但現在艾科卡所處的情況正相反，為一個需求量很大的新市場生產一種新車，一種人們期待已久的車。

又經過一段時間的調研後，在一次會議上，艾科卡對大家說：「任何能夠吸引這些年輕客戶的車都必須具有以下幾個主要特點：時髦的款式、出色的性能、低廉的價格。一輛新車同時具有這三個特點並不容易。但是我們要是做到了，車的銷路一定很好。」

「費爾蘭委員會」著手進一步準備關於他們計劃要生產的那種汽車的具體要求。

這種車必須是小型的，但不能太小。對於設兩個座位的汽車需求量雖有增加，但也只在十萬輛左右，看來兩個座位的車吸引力不會很大。因此，這種車必須能載四個乘客。

為了便於操作，車的重量要輕，限制在一點五噸以內。此外，它還應當價格便宜，他們計劃連同所有附件在內不高於兩千五百美元一輛。

談到式樣，艾科卡腦子裡已經有了一種。那是自從福特公司負責招工的麥考米克‧古德哈特先生駕駛那種車到理海校園以來，最令艾科卡嚮往的一種。這種車和別的車不同的是它有一個很長的引擎罩和一個很短的後備箱。而長長的引擎罩給人以活力和氣勢。艾科卡認為，這種樣式肯定會受到人們歡迎的。

它既是跑車，但又不僅僅是跑車，它要與眾不同。它是星期五晚上可以帶你去鄉村俱樂部、星期六去賽車場、星期日去教堂的那種車。

　　他們想要同時在幾個方面吸引客戶，一定要讓盡可能多的人買，因為價格低廉，唯一出路是薄利多銷以保證盈利。他們認為，明智的辦法是生產一種基本車型，無須生產幾種不同的式樣，但有可供廣泛選擇的附件。這樣，客戶可以自由選擇經濟的或是豪華的，但同時它們都是舒適、便於操作的車。

　　但是問題是，他們能獲得這樣一筆資金嗎？生產一種全新的汽車得投資三億至四億美元。要想獲得通過，解決辦法只有利用現有車型的部件，以降低生產成本。

　　艾科卡想到「獵鷹牌」汽車的引擎、變速器和車軸都有現成的。如果加以利用，就不必從頭做起。他們可以利用「獵鷹牌」的部件造這輛新車。這樣，只花七千五百萬美元就可以生產出一款新車。

　　一九六一年年底，艾科卡和他的那個委員會已經有個盼望的目標了，那就是紐約世界博覽會的到來。博覽會定於一九六四年四月舉行，他們覺得這是向客戶推出新車的一個最為理想的時間。

　　但有一件事也許會讓他們錯過那個時刻，他們還沒有一份新車的設計圖樣呢！在一九六二年前七個月裡，設計人員至少設計了十八種黏土模型，以供挑選。其中有幾種模型是令人動心的，但還沒有一種完全中意的。

　　一九六二年夏季，如果要參加世界博覽會，那麼他們必須

在九月一日前對模型取得完全一致的意見。時間迅速流逝。艾科卡決定在設計人員中進行一次競賽。

艾科卡要求這些設計師準備好他們的模型，八月十六日那一天接受總經理部的審查。他對他們提的要求是很高的，因為一般情況下不可能在這麼短的時間就設計出一輛汽車來。經過兩個星期夜以繼日的工作，到審查那一天，他們設計出了七個模型。

由福特設計室主任喬·奧羅斯的助理戴夫·阿什設計的模型被採納了。因為這個模型像隻豹，喬和戴夫就叫它「美洲豹」。這個模型為白色車身，紅色車輪。「美洲豹」的後保險槓構成了一個小小的後尾，前部的護柵配上新式的設備，又漂亮又神氣。

審查後，「美洲豹」模型立即被送到福特設計室進行研究。過了好長時間，他們終於得到關於模型可以被考慮的回應。但這還不行，還不能真正變成一輛汽車，因為模型還需要在由公司的高級人員組成的設計委員會裡通過。

不久就要成為公司新總裁的阿傑·米勒命令對艾科卡他們這項計劃進行研究。他對「美洲豹」的銷售持樂觀態度，但擔心新車的成功會威脅公司的其他小汽車，特別是「獵鷹牌」汽車的利益。他指示進行研究，定出級別，「美洲豹」將銷售八萬六千輛。這個數目尚可，從研製模型開始所要花費的大量資金來看，它並不算高。

幸運的是，亨利·福特現在比較傾向於這個計劃。同艾科卡

第一次把想法匯報給公司的高級管理委員會時亨利所持的態度相比，他現在已大有變化。

那一次，在艾科卡的建議只講到一半的時候，亨利突然站起來說了一聲「我要走了」，就離開了辦公室。

艾科卡回到家裡對瑪麗說：「我的一項最稱心的計劃今天被人當頭潑了冷水。亨利當著我的面退場了。」

艾科卡真有點受不了。但就在第二天，他得知亨利頭一天的突然離開同他的建議沒有關係。亨利那天因為感覺不舒服，提早回家了。後來他因患單核白細胞增多而病休了六週。病好回來後，他對許多事情的態度都變得好得多，包括對艾科卡的新車計劃。

大家在給新車取名字上犯了難，總覺得「美洲豹」的名字還是有些不滿意。

在廣告代理商沃爾特·湯普森手下工作的約翰·康利是一個命名專家。過去他曾經給「雷鳥牌」和「獵鷹牌」命名。

這一次，艾科卡派他到底特律公共圖書館收集從海豚到斑馬各種動物的名字。約翰起了數千個名字，艾科卡他們把那些名字壓縮到六個：「野馬」、「美洲豹」、「獵豹」、「斑馬駒」和「美洲獅」。

「野馬」終於成為新車的名字。奇妙的是「野馬」並不是馬的名字，而是第二次世界大戰中一種神奇的戰鬥機的名字。按照

廣告代理商的說法，「野馬」可以在遼闊的土地上馳騁奔騰，一定會取得巨大的成功。

決定採用「野馬」這個名字後，人們又指出，車前作為車的標誌的那匹馬奔跑的方向錯了，它不是像賽馬場上的馬那樣逆時針跑，而是順時針跑。

艾科卡對他們說，「因為它是一匹野馬，而不是馴服的賽馬。不管它朝哪裡跑，我敢肯定，它的方向是對的。」

車的外觀問題解決了，現在需要決定車的內部裝飾問題。艾科卡認為，即使是經濟車也要考慮華麗和實用，所以他們決定車內裝有圓背座椅、塑料面裝飾和地毯。

此外，這種車將是一種「自己動手」的車。如果客戶有錢，可以另買附件和加大馬力。如果顧客想要奢華而無力另買附件，他也會感到滿意，因為這種車比以前同檔次的車要豪華而不增加任何額外費用。

在車還沒有生產出來前，艾科卡他們就開始進行市場調查。在最後的一系列測試中，有一次特別受鼓舞。

他們在底特律地區邀請了五十對夫婦參觀樣品展覽。被邀請者的工資收入一般，而且每對夫婦都已經買了一輛中等大小的轎車。這意味著，買第二輛車對他們來說可能性不會太大。他們分批被帶去看「野馬」汽車的樣車，並把他們對「野馬」汽車的印象錄了音。

　　艾科卡發現，白領工人夫婦對「野馬」汽車頗感興趣，而藍領工人夫婦則認為「野馬」汽車太奢侈，是地位與聲望的象徵。讓他們估計車的價格時，幾乎每個人猜的數字都比車的實際定價至少高出一千美元。問他們願不願買，多數人都說不想買。他們有的說這種車太昂貴，有的嫌車小，也有的擔心不好駕駛。

　　但是當艾科卡把車的實際價格告訴他們時，奇蹟發生了。他們中大多數人說：「是真的嗎？那為什麼不買？我要！」轉眼之間，不買的各種藉口通通煙消雲散，反而提出了許多理由說明值得買。

　　有一位說：「如果我把車在道上一停，我左鄰右舍都會以為我發了一筆橫財。」另一位說：「它看上去不像是一輛普通的車，卻可以用普通車的價格買到。」

　　情況已經一目瞭然。當「野馬」汽車投入市場的時候，必須強調價格低廉這一優勢。「野馬」汽車最後的定價體現了他們原來規定不高於兩千五百美元的精神。定型的車比原計劃長出一點五英吋，加重了五十公斤，但是保持原價不變，售價為兩千三百六十八美元。

　　至一九六四年一月，距離「野馬」汽車投放市場僅幾個星期的時候，經濟形勢變得大為有利。他們事後獲悉，一九六四年第一季汽車銷售量達到歷史最高水準。而且，國會還準備削減所得稅，人們可由自己支配的收入也在增加。

「野馬牌」汽車銷售旺

　　在四月十七日展覽會開幕之前，第一批「野馬牌」汽車組裝出來了。福特至少設法生產出八千一百六十輛，使公司分布在全國各地的每個福特汽車商在四月十七日那一天能夠至少有一輛「野馬牌」汽車在陳列室裡與客戶見面。

　　艾科卡他們在宣傳上下足了功夫。一些大學的校刊編輯們被請到迪爾伯恩，把「野馬牌」汽車提供給他們使用幾個星期。在距「野馬牌」汽車參加正式展出還有四天的時候，一百名報界人士乘坐由七十輛「野馬牌」汽車組成的車隊參加了從紐約到迪爾伯恩的長途旅行。

　　長達一千一百公里的行駛完全證實了「野馬牌」汽車性能的可靠。結果，新聞界表現出了前所未有的熱情，幾百家報刊在顯著的位置刊登了大量關於「野馬牌」汽車的文章和照片。

　　四月十七日，福特公司各地的汽車商都被客戶團團圍住。在芝加哥，有一位汽車商因為客戶太多而不得已把他的汽車陳列室上了鎖。匹茲堡的一個汽車商報告說，一大堆擁擠的人群使他無法把那輛「野馬牌」車從洗車槽上放下來。

　　底特律的一位代理商說，許許多多的人開著跑車來看「野馬牌」，那天他的停車場裡像是在舉行外國車集會似的。

　　在得克薩斯的加蘭，一位福特汽車商遇上了十五個客戶爭相出價買他櫥窗裡僅有的一輛「野馬牌」汽車。結果開價最高的

一位買到了這輛車。這位客戶甚至堅持要在車裡過夜，唯恐在銀行轉來他的支票以前別人買走這輛車。

在西雅圖，一輛裝著水泥的卡車從「野馬牌」汽車的陳列室前經過，由於司機盯著「野馬牌」汽車入了迷，卡車撞碎了陳列室的櫥窗。

看來「野馬牌」汽車的成功不可質疑。投放市場的第一個週末，就有四百萬人找公司的汽車商要求買車。公眾對「野馬牌」汽車如此熱愛，讓已有心理準備的艾科卡也始料不及。

對於這樣大的轟動，新聞界無疑起了重要的作用。由於沃爾特·墨菲在公共關係方面的不懈努力，「野馬牌」汽車的照片同時上了《時代》和《新聞週刊》兩家雜誌的封面。對於一種新商品來說，這種宣傳攻勢是空前絕後的。

這兩家雜誌都預言這輛車會成功。而它們在「野馬牌」汽車展出的那一週不失時機地宣傳也反過來證明這兩家雜誌的預言是正確的，從而提高了雜誌的聲響。艾科卡相信，單是《時代》和《新聞週刊》，就幫助他們額外多銷了十萬輛車。

兩家雜誌的封面文章勝過兩個巨大的商業廣告。《時代》雜誌告訴它的讀者說：

艾科卡絕不僅僅是生產出了一種新車而已。「野馬牌」汽車有長長的引擎罩，短短的貨艙，酷似美國的跑車迷們崇尚的歐洲賽車。

　　而且，艾科卡還使車的性能更靈活，價格更合理，選擇性更大。因此，「野馬牌」汽車將吸引三分之二的美國客戶。它的價格壓低到了兩千三百六十八美元，它的座位又可以容納一個四口之家。看來，「野馬牌」汽車必定成為一流跑車，不僅對跑車迷們富有魅力，對廣大群眾也同樣富有魅力。

　　就連艾科卡自己，也從來沒有把它說得那麼好。

　　汽車專業報紙也顯示出不小的熱情。《汽車生活》的一篇報導是這樣開頭的：「人們長久以來渴望買到的一種車現在生產出來了。」甚至平時對底特律不感興趣的《消費者報》也說，「野馬牌」汽車「雖然在那麼短的時間內以那麼快的速度生產出來，但你挑不出任何裝配技術拙劣或工藝粗糙的毛病」。

　　此外，他們還緊鑼密鼓地在全國範圍內進行了一些其他宣傳活動。他們在全國十五個最熱鬧的機場和全國兩百家渡假旅館的門廳裡都陳列了「野馬牌」汽車。

　　僅僅幾個星期以後，艾科卡就感到有必要再開一家汽車廠。最早的設想是，「野馬牌」汽車頭一年可銷出七萬五千輛。但是計劃不斷增加，「野馬牌」汽車還沒投放市場，計劃就到了二十萬輛。如果要生產更多的車，就必須說服公司高級經理們把加利福尼亞聖何塞的一家工廠改成生產「野馬牌」汽車的專廠。

　　「野馬牌」汽車供不應求，使福特公司很難搞清到底最多能推銷多少輛。所以在「野馬牌」汽車銷售後的幾個星期，法蘭克·

齊默爾曼在俄亥俄州的代頓做了一個測試。這個地方是通用汽車公司的市場，它有幾個廠設在代頓，人們稱代頓為「通用汽車公司之城」。

結果是令人驚異的。「野馬牌」占據了代頓城百分之十的市場。九月，福特公司開始動手把聖何塞工廠正式改成生產「野馬牌」汽車的專廠。

福特公司年生產「野馬牌」汽車的能力達到了三十六萬輛。很快他們又把紐澤西州梅特琴的一家工廠改成生產「野馬牌」汽車。當然，改造這兩個工廠花費了很多資金。但是福特公司必須這麼做，因為在「獵鷹牌」汽車上他們已經吃了虧。當時，由於福特眼光短淺，致使工廠的生產能力無法滿足市場需要。他們決心不能再次犯這樣的錯誤。

買「野馬牌」汽車的人數不斷創紀錄。配件正在迅速減少。客戶買「野馬牌」汽車像是伐木工進了瑞典供應開胃食品的餐館一樣急不可待。有百分之八十以上的客戶定購白壁輪胎，百分之八十要車裡有收音機，百分之七十一要八缸的引擎，百分之五十要買自動換擋裝置。幾乎每輛已經售出的「野馬牌」汽車中，都帶有計速表和時鐘。每輛售價不過兩千三百六十八美元的汽車，而賣出附件的價格每輛車平均達到了一千美元！

艾科卡心中原來定了第一年的銷售指標。「獵鷹牌」汽車在第一年的銷售紀錄是四十一萬七千一百七十四輛，「野馬牌」只

要打破這個紀錄就行。他們的口號是：「到『野馬牌』汽車的誕生日四月十七日賣四十一點七萬輛『野馬牌』汽車」。

一九六五年四月十六日深夜，加利福尼亞的一個年輕人買了一輛紅色的有活動折篷的「野馬牌」汽車。這是售出的第四十一萬輛。這樣，「野馬牌」第一個年的銷售量就創了新紀錄。「野馬牌」汽車僅第一年創造的淨利潤就達到了十一億美元。

「野馬牌」汽車銷售幾個星期後，福特公司收到客戶大量的表揚信。艾科卡常常看客戶來信，以往多數人寫信給廠方都是因為車子有問題。而對於「野馬牌」汽車，人們寫信是為了表達他們的謝意和激情。艾科卡收到唯一的一封表示不滿意的信是抱怨「野馬牌」汽車供不應求，要等好長時間才能買到。

在「野馬牌」汽車投放市場的第四天，艾科卡收到一封布魯克林的客戶來信，這是他最欣賞的來信之一。

信中說：「我對汽車並不內行，自從多數牌號的汽車達到飽和狀態以後我就不在汽車行業工作了。而且紐約根本不是該買車的地方。

「有些養狗人讓狗在車輪上撒尿；貧民窟的小孩盜走輪軸帽；由警察發停車條；鴿子在車上棲息等。街上也是亂七八糟，公共汽車擠你，計程車撞你，而室內停車還要押金。汽油費要高於其他城市百分之三十，保險費高得令人咋舌。紐約的商業地區擁擠不堪，華爾街周圍通行困難，要去紐澤西更不可能。」

信的最後說：「而我一旦有了錢，就一定買輛『野馬牌』汽車。」

在對「野馬牌」汽車買主進行的調查中，艾科卡發現他們的平均年齡為三十一歲，但每六個人當中有一人是在四十五歲至五十四歲之間。這說明，買「野馬牌」汽車不侷限於年輕人。幾乎三分之二的買主都已婚，有一半以上的買主受過大學教育。

「野馬牌」汽車推出不到一年，就出現了幾百家「野馬牌」汽車俱樂部，還有「野馬牌」太陽鏡、「野馬牌」鑰匙鏈、「野馬牌」帽以及「野馬牌」玩具，真是五花八門，應有盡有。甚至一家麵包店的窗口寫著：「我們的煎餅像『野馬牌』一樣暢銷。」

艾科卡到歐洲旅行過五十四次。

有一次，當他乘坐公司的飛機飛越大西洋時，他睡著了。那是一個星期天的早晨，飛機飛過大西洋上的冰山之路，也就是當年「鐵達尼號」輪船沉沒的地方。海上有一艘氣象觀測船對過往飛機發布天氣預報。

福特公司的機組人員透過無線電詢問氣象船：「天氣怎麼樣？」

船上的氣象觀測員回答說：「我站都站不穩。天氣很惡劣，這裡的浪得有五六公尺高。」

接著，機組人員在無線電裡同他攀談起來。這位氣象觀測員知道了他們是福特公司的人以後馬上就說：「我買了一輛『野

馬牌』汽車。艾科卡在飛機上嗎？」

這時候，一架荷蘭皇家航空公司的班機正在他們附近飛行，機上的駕駛員插進來說：「注意，這是艾科卡乘坐的福特公司的飛機嗎？我要同艾科卡通話。」

接著，一架泛美航空公司的飛機也飛過來，參加了空中談話。

這些都發生在艾科卡睡著的那一會兒工夫。駕駛員走進機艙對艾科卡說：「您有電話。一艘氣象船和兩架飛機同時要和你通話。」

艾科卡回答說：「什麼事那麼神聖？現在是星期天的早晨。我真是一時一刻都不能避開這種『野馬牌』狂熱！」

豪車成了搖錢樹

「野馬牌」汽車的大獲成功使艾科卡不到一年就得到晉升。

一九六五年一月，艾科卡出任公司的轎車和卡車系統副總經理，負責福特部和林肯—默庫里部這兩個部門的轎車和卡車的計劃、生產和銷售工作。

艾科卡的新辦公室就設在玻璃大樓，公司裡的人把這座樓稱作世界總部。他終於成了一個「大人物」，而同公司的其他幾個高級官員一樣，每天有機會和亨利·福特共進午餐。

在艾科卡眼裡，亨利‧福特一直是一個不折不扣的大上司。他現在突然變得每天都要和他見面。他不僅是高級經理圈子中的一員，而且是後來居上者，一個負責「野馬牌」生產的年輕人。

作為兩個部門的副總經理，艾科卡有許多新的任務和工作，特別是廣告和宣傳方面。但是亨利說得很清楚，他的主要任務是「把『野馬牌』汽車的成功帶到林肯─默庫里部來」。

多少年來，林肯─默庫里部是福特公司的一個薄弱環節，成了公司其他部門的負擔。這個部門創建於一九四〇年代，但是過了二十年，它還不能自食其力，人們甚至議論紛紛要把這個部撤掉。

林肯─默庫里部主要生產高檔轎車。公司指望已經買了福特部轎車的客戶最後會買「默庫里牌」汽車或者「林肯牌」汽車。

希望歸希望，實際上多數買了福特部汽車的顧客並沒有再買林肯─默庫里部的車。買得起高價汽車的客戶中更多的是轉向通用汽車公司的高級轎車。這樣，我們實際上是為通用公司生產的豪華汽車攬來更多的買主。

艾科卡對林肯─默庫里部進行了一系列調查研究後，找到了問題所在。這裡生產的車難以激起人們的興趣。不是它們的品質不佳，而是缺少鮮明的特點。例如「彗星牌」汽車和「獵鷹牌」汽車很相似，只不過裝飾得更漂亮一些，「默庫里牌」汽車和福特部的產品相像，就是大一些罷了，缺乏自己的特色，這些都是

林肯－默庫里汽車的致命弱點。

多年來，林肯－默庫里汽車的銷路一直不佳。「林肯牌」汽車想與通用公司的「卡地拉牌」汽車競爭，但「卡地拉牌」汽車的銷售量總是以大約五比一超過「林肯牌」汽車。「默庫里牌」汽車也同樣銷路不佳，競爭不過通用汽車公司的類似轎車。至一九六五年林肯－默庫里部實際上已經癱瘓，急需重整旗鼓。

人們把責任都推給汽車商，這往往是最容易的，但是很不公平。事實上，直至一九六五年還能繼續生存的汽車商是很不錯的，因為他們手裡沒有一流的好產品。他們現在士氣低落，需要把他們的積極性調動起來。他們需要有一批新的地區銷售經理，也需要玻璃大樓裡有人真正關心他們的利益。

他們最迫切的是需要新產品。艾科卡上任後，馬上投入了緊張的工作。在他的主持下，至一九六七年，林肯－默庫里部準備推出兩款新車。其中「美洲豹牌」汽車是一種豪華的跑車，意在吸引那些想購買比「野馬牌」更豪華一些車型的顧客。「侯爵牌」汽車則既大又豪華，可和通用公司的「別克牌」和「奧爾茲牌」競爭。

問題是林肯－默庫里部的主任加·勞克斯居然不願意「侯爵牌」汽車帶上默庫里幾個字。在他看來，「默庫里牌」這個名字簡直是死別之吻，無論是什麼樣的一輛好車，用了這個名字也會賣不出去。艾科卡只好說服他，從「侯爵牌」汽車開始，要把林

肯一默庫里部的形象改變過來。

要引起人們對這兩種新車的興趣，很重要的一點是要讓新車以戲劇性的方式同汽車商見面。八九年前，一年一度為底特律的新型號汽車舉行與顧客首次見面日的時候，汽車商和觀眾都把它看作是一件大事。

在這一天到達以前，汽車商先把新汽車遮蓋起來。年輕人往縫裡張望，都想先睹為快。

過去福特公司每年都在拉斯維加斯安排一些由汽車商舉行的大型展覽會，現在早已不見了。那時每逢夏季，他們總要花幾百萬美元籌辦一次大型展覽會，藉此機會宴請汽車商，展銷新型汽車。在這樣的展覽會上，汽車從噴泉裡噴出來，小姑娘從汽車裡跳出來，其間還夾有許多煙幕彈、閃光燈等，使人目不暇接。

這種展覽會勝過百老匯的表演，不過明星不是演員而是汽車。

一九六〇年代時，他們常常組織商人旅遊，作為對他們的激勵。不管商人們多麼富有，有計劃地組織他們到平時不容易去的地方去遊覽，總是受歡迎的。這些旅遊往往很成功，許多商人之間的關係也變得更為融洽，因此他們的士氣更高、責任心更強了。

這些活動常常由艾科卡做東。對他來說，旅遊是同許多汽車商短期接觸的大好機會，同時也是把工作和消遣結合起來的一

種極妙的做法。

一九六六年九月，林肯—默庫里計劃為那些完成了一定銷售任務的汽車商組織一次盛大的海上遊覽活動。他們以每天四萬四千美元的價格租用了「獨立號」輪船，從紐約開航前往加勒比海峽，準備在那裡推出新車型。

第二天當紅日噴薄而出時，全體代銷商人都集中在船尾，到了預定的時間，幾百個五彩繽紛、帶有一九六七年「默庫里牌、侯爵牌」汽車字樣的氣球飛向天空。艾科卡和林肯—默庫里部的新主管馬特·麥克勞克林一起，把這輛全新風格「默庫里牌、侯爵牌」汽車，展示給代銷商們。

兩天以後的傍晚，在聖托爾斯島上，他們又展出了「美洲豹牌」。

一簇簇耀眼的火把照亮了海岸，一架第二次世界大戰時用過的登陸艇緩緩駛向岸邊，艙門打開了，觀眾們屏住呼吸看著在火光下閃閃發亮的白色「美洲豹牌」汽車開上海岸。

車門打開了，歌唱家維克·達蒙走出來為大家表演。這一次為新產品舉行的精彩推廣活動，令人難忘。

過了這麼多年，代銷商們終於又見到了值得為之興奮和激動的汽車，他們非常喜歡「美洲豹牌」。像「野馬牌」汽車一樣，「美洲豹牌」外表華麗，有一個長長的引擎蓋和一個短短的後箱。

不出所料，「美洲豹牌」很快取得成功，成了林肯—默庫里

部顯著的成績。現在，一輛保存完好的一九六七年型「美洲豹牌」汽車已成了一種珍品。

在艾科卡家中的資料室裡，仍然保留著作為新車標誌的「美洲豹牌」的一個壓鑄件。這是設計師們把它裝在一個胡桃木盒子裡送給他的，盒上的一個紙條寫著：「不要猶豫不決。不要別的，就要『美洲豹牌』這個名字。」這個請求他當時沒有答應。但是幾年以後艾科卡還是在一輛新車上採用了「美洲豹牌」這個名字。

「美洲豹牌」成了成功的象徵，以致宣傳廣告部建議以這個形象作為林肯—默庫里部的標誌。最後，它成為林肯—默庫里部為自己創立新特色的十分重要的一步。不久，一個下方有「林肯—默庫里」幾個字的美洲豹形象就像福特公司的橢圓形和克萊斯勒公司的五星一樣為人們所熟悉了。

艾科卡認為，如果你想給一樣東西闖牌子，你首先要讓別人知道這種牌子的東西是誰生產的。

在沒有美洲豹圖案前，許多人從未聽說過林肯—默庫里，而現在幾乎人人皆知了。

至於「侯爵牌」汽車，大家認為，銷路好的關鍵是開起來順當、輕快。在行駛方面，「侯爵牌」汽車的工程技術達到了新的水準，堪稱世界上最平穩、舒適的小汽車。經過一次讓顧客蒙著眼睛乘坐不同車型的測試，大家一致認為，它的平穩性要超過當

前價格比它昂貴很多的其他汽車。

不久，廣告部設計出了一些效果很好的廣告。其中一個廣告是，「侯爵牌」汽車中懸掛著一個盛滿烈性酸的容器，容器的下方是一件價格昂貴的皮外套；另一個廣告是，前座上放了一個唱片機，正在放著唱片；第三個廣告是，理髮師正在汽車裡給足球運動員巴特‧斯塔爾剃鬍子；在第四個廣告裡，汽車的後座放著一個盛著硝酸甘油的容器。為了顯示這是真的，在這個廣告結束的時候，他們炸毀了這輛汽車。

人們很快接受了「侯爵牌」汽車，因為它的確像廣告中所說開起來既平穩又舒適。

「侯爵牌」和「美洲豹牌」汽車成功推向市場以後，默庫里部的生產和銷售情況好了起來。但是艾科卡還是不滿意，他想生產一種「林肯牌」新車，和通用公司銷售很好的「卡地拉牌」汽車競爭。

有一次，艾科卡在加拿大參加一個會議。一天晚上，他躺在旅館的床上，翻來覆去，難以入睡。突然間，他有了一個主意，於是打電話給在美國的總設計師吉恩‧博迪納特說：「我想在『雷鳥牌』汽車的前部裝上『勞斯萊斯牌』式樣高級鐵柵。」

當時，林肯—默庫里部曾推出一種四

一九三〇年代末期，福特公司生產過一種「馬克牌」汽車。雖然這種車既豪華噪聲又小，但只有很少一部分人對它感興趣。

至一九五〇年代中期，又生產出了「馬克第二牌」。這兩種車在美國都是一流的汽車，但很少人能買得起。門「雷鳥牌」汽車，但銷售情況極差。艾科卡計劃利用「雷鳥牌」汽車的平台和引擎，甚至是頂蓋，生產出一輛全新的車型，但要使它看起來不是「雷鳥牌」汽車的翻版。

在艾科卡設想新車的時候，回憶起了過去的一件事。

艾科卡認為應該恢復生產「馬克牌」汽車，製造一種在「雷鳥牌」汽車的基礎上進行較大改造的「馬克第三牌」。它要成為一種富有想像力的大型車，而且具有鮮明的特點。

一九六八年四月，他們成功生產出「馬克第三牌」。第一年的銷售量就超過了「卡地拉牌」汽車，實現了艾科卡的夙願。以後的五年裡，「馬克第三牌」顯示出強大的號召力，部分原因是車的價格便宜，因為他們利用了很多原有的零件和圖紙。

在「侯爵牌」、「美洲豹牌」、「馬克第三牌」這幾種汽車以前，林肯－默庫里部實際上每生產一輛豪華車都要賠錢。他們每年只賣出一萬八千輛「林肯牌」汽車，甚至補償不了大筆固定費用。

有句老話說對了：大車厚利。他們每賣一輛「馬克第三牌」就相當於過去賣出十輛「獵鷹牌」汽車，這種車的盈利達到令人驚嘆的兩千美元一輛。錢迅速地、源源不斷地進來，最好的一年單是林肯部就盈利將近十億美元，艾科卡又一次獲得了極大的成

功。

一九七一年，林肯—默庫里部又生產了「馬克第四牌」汽車。後來他們一直在生產「馬克牌」系列汽車。「馬克牌」系列汽車猶如通用汽車公司的「卡地拉牌」，成了福特公司的搖錢樹。

任福特公司總裁

在林肯—默庫里部生產「馬克第四牌」車的時候，艾科卡已經實現了他年輕時的願望，出任福特公司的總裁、總經理，成為地位僅次於福特老闆的第二號人物。

一九七〇年十二月十日，福特公司總部大廈在雪後陽光的照耀下，更顯壯觀和挺拔。溫暖如春的會議室裡，亨利·福特正在主持召開董事會議。

「董事會全體通過，任命李·艾科卡先生為福特公司總裁。」話音剛落，會議室裡響起了熱烈的掌聲。

艾科卡得到了一份了不起的聖誕禮物。他給瑪麗打了電話，然後又告訴了在艾倫敦的父親。他肯定這一天會是父親一生中最快樂的日子。

在這之前艾科卡卻因一件事差點兒從福特公司辭職。當時，通用汽車公司有一位聲望頗高的副總經理西蒙·努森。努森畢業於麻省理工學院，專修工程技術，四十四歲就當上了通用公司龐帝克部的主任，因而成了該公司歷史上最年輕的一個部門負

責人，在底特律十分引人注目。

　　努森的父親曾經是通用汽車公司的總經理，在他父親退休時，努森期望他也能步父親後塵擔任這一職務，但通用汽車公司還是選擇了別人。努森明白，他在通用汽車公司的前程已經到頭了。

　　對通用公司讚不絕口的亨利認為，努森的腦袋裡集中了聞名遐邇的通用汽車公司的全部智慧。因此，當他聽說努森想要辭職的時候，立即聯繫了他。

　　一個星期後，亨利給了已經當了五年總經理的米勒一個副董事長的虛職，讓努森接替了福特公司總經理的職務，年薪六十萬美元，和亨利一樣。

　　努森上任是在一九六八年感恩節期間，艾科卡正在和家人渡假。亨利辦公室給他打來電話，催他第二天回去。公司還專門派了一架飛機來接他。

　　在亨利看來，努森將給公司帶來一筆財富，就是那些關於通用汽車公司的經驗。他對艾科卡說：「你看，你還是我的人。但你還年輕，很多方面還需要學習。」他明顯地暗示，只要艾科卡耐心等待，將來會得到巨大的補償。

　　過了幾天，董事會成員之一、華爾街傳奇人物西德尼·溫伯格給艾科卡打來電話。溫伯格是亨利多年的好朋友，對艾科卡非常讚賞。

西德尼講述了他聽到了的一些傳聞：通用公司對努森的離開暗地裡很高興。通用汽車公司的一位高級執行官甚至對溫伯格說：「你們解決了我們一個老大難問題，真是謝天謝地，亨利要了他。」

西德尼對艾科卡說：「如果努森像他們所說的那樣，他的職務很快就會成為你的。」

艾科卡並不十分相信這個位置很快就會輪到他。他正急於登上峰巔，儘管亨利和其他人安慰他，但努森的到來對艾科卡來說還是一個沉重的打擊，這讓他氣憤和失望到了極點。他很想當總經理，他不認為自己還有許多東西需要學習。因為他已經通過了公司的各種考驗，而且每次都獨占鰲頭。

之後的幾個星期，艾科卡一直嚴肅地考慮辭職問題。克萊斯克拉夫特公司的總經理、畢業於理海大學的赫伯·西格爾在這時曾邀請艾科卡加盟。赫伯想把克萊斯克拉夫特公司擴大成為一個大型聯合遊樂企業。他很看重艾科卡在福特公司做出的成績。

赫伯說：「如果你在福特公司待下去，你得永遠聽憑亨利·福特的擺布，既然他可以蠢到不讓你當總經理，就還有可能再一次傷害你。」

艾科卡動心了。他甚至開始在紐約和康乃狄克找房子了。瑪麗也願意回東海岸去，她高興地說：「我們至少又可以吃到海鮮了。」

最後，艾科卡還是決定留在福特公司。他熱愛汽車業，熱愛福特公司。他簡直不能想像在別處工作如何適應。在艾科卡看來，亨利對他還是很不錯的，他的未來至少看起來還是光明的。

努森的任命一公布，許多擔任公司高級職務的人對通用汽車公司的人來當他們的上司感到很彆扭。艾科卡的心情尤其難以平靜，因為他聽說努森要把原來一個手下帶來代替他的職務。

艾科卡和他的同事們相信，通用汽車公司的一套管理制度在福特公司未必有效。但在亨利看來，只要努森在玻璃大樓裡待著，福特公司就會像通用汽車公司那樣獲得成功。

亨利並未如願。福特公司自有一定經營理念，那就是喜歡行動迅速，說幹就幹，而努森根本不適應。而且，行政管理也不是他的擅長。艾科卡很快就看明白，通用汽車公司未提升努森當總經理不無道理。

努森一上任就開始增加「野馬牌」汽車的重量，增大它的體積。努森本人極喜歡賽車，但他卻不明白賽車運動的熱潮已經過去了。他還著手對「雷鳥牌」汽車重新進行設計，把它弄得像一輛通用公司的「龐帝克」，這完全是一個大災難。

努森雖然身為公司總經理，但卻沒有什麼影響力。他從通用公司帶來的任何一個高層都不能幫助他實施他的計劃。而福特公司的人，幾乎沒有對他忠心的，因此他沒有任何基礎。就這樣，他覺得自己處在一種陌生的、與自己格格不入的環境裡，形

單影隻，孤掌難鳴。

另外，努森試圖拋開福特公司原來的體系來管理福特。他疏遠艾科卡和公司的其他許多高層人員，並經常剝奪他們決策的權力。

福特和通用從一開始就是兩個截然不同的公司。通用汽車公司向來慢條斯理，設有十多個委員會和層層疊疊的管理機構。相比之下福特公司更富有競爭氣氛，能迅速做出決定，很少推諉扯皮，更體現了務實的企業家精神。

努森在通用公司這個慢條斯理、按部就班的環境裡幹得很歡，可是到了福特，他如同魚兒離開了水一樣，撲騰不開了。

努森只幹了十九個月。亨利也意識到，一個汽車公司的成功經驗未必適合另一個汽車公司。

在福特公司，還有一件事必須要注意，就是同這位老闆的關係不能太密切。查利在幾年前就勸告艾科卡說：「離亨利遠一點。記住，他的血是藍的，而你的血跟普通人一樣，是紅的。」努森力圖向亨利表示親近，這就大錯特錯了。

對於這件事，艾科卡的心情很複雜。一方面，對努森的走他是高興的，但同時又對他十分同情。艾科卡不希望公司的任何一個總經理會是這樣的結局。

他突然冒出一個念頭：我會不會也有這麼一天？那天晚上，艾科卡和瑪麗一直談至深夜。

瑪麗說：「對於這麼一個老闆，你為什麼不辭職呢？」雖然艾科卡又一次產生了動搖，但他又一次決定還是留下來。

努森被解僱那一天，公司上下興高采烈，香檳酒喝掉不少。公共關係部裡有人說了這樣一句話：「亨利‧福特一世曾經說過，歷史是騙人的空話，今天努森就是歷史。」這句話後來很快傳遍了整個公司。

努森已經走了，但亨利仍不準備把總經理的職務給艾科卡。他設立了一個由三人組成的總經理辦公室，由艾科卡牽頭。艾科卡負責福特公司的北美地區業務，羅伯特‧史蒂文森任國際業務負責人，漢普森領導非汽車性業務。

但是，三駕馬車沒有維持多久。第二年，即一九七〇年十二月十日，艾科卡終於如願以償：當上了福特公司總裁。

在艾科卡開始任總裁時，福特公司大約有四十三點二萬名僱員，需付的工資總額達三十五億美元。僅在北美地區，一年就要生產將近兩百五十萬輛小汽車和七十五萬輛卡車。供應海外的總數達到一百五十萬輛。一九七〇年福特公司的銷售總額達到一百四十九億美元，盈利五點一五億美元。

五點一五億美元看著不少，但它只占總銷售額的百分之三點五。在一九六〇年代初期，福特公司的利潤從未低於百分之五。艾科卡下決心要重新達到這個目標。

眾所周知，要多盈利只有兩個辦法：或者多銷售，或者少開

支。艾科卡對當時福特公司的銷售量是比較認可的，透過對公司
內部管理工作的仔細檢查，他相信可以大大縮減開支。

新官上任三把火。艾科卡做的第一件事是召集高級管理人
員會議，討論一項減少費用的計劃。他把這項計劃叫做「四個
五千」，即在四個方面分別減少五千萬美元的開支。這四個方面
是：減少機器故障、防止產品複雜化、控制設計費用和革除陳舊
的經營方法。

艾科卡認為，如果他們能在三年內實現這個目標，利潤增
加兩億美元，在汽車的銷售量一輛也不增加的情況下，總利潤幾
乎增加了百分之四十。

福特公司確實有很多地方需要改進。例如，工廠每年都要
花兩週的時間為下一年生產新型號汽車做準備。在這段時間裡，
工廠不開工，機器和工人都閒著。

透過更有效的電腦程式的規劃和更嚴格周密的時間表的制
訂，兩週的交接期可以壓縮到兩天。當然這並不是一夜之間就能
辦到的，但是到了一九七四年，他們的工廠可以用一個週末的時
間就做好交接工作。

能夠節省費用的另一個方面是運輸。貨運費用只占總支出
很小的一部分，不過對於每年五億美元那樣一筆巨額運輸費用來
說，即使節省的只是百分之零點五，那也有兩百五十萬美元呀！

在這方面艾科卡也做了仔細調查，他發現鐵路是按貨物的

數量而不是貨物的重量收費，而福特公司過去並沒有在意。

於是，艾科卡讓人把車廂安排得更緊一些。為了使更多的汽車裝上火車，他們設法把每輛待運汽車之間的安全距離減少五公分。後來艾科卡又想冒一下險，透過空運來壓縮倉庫儲存費。

艾科卡還增設了一個「甩包袱」的項目。

在福特這個大公司裡，有幾十種業務或者虧損，或者盈利甚微。他始終認為，一家汽車公司的每一項業務的好壞都可以用盈利的多少來衡量。每家工廠的經理都知道，或者都應該知道，他的工廠是在為公司賺錢呢，還是生產出來的東西所花的費用比在外面買還要貴。

因此艾科卡宣布，每個經理要在三年之內使他的部門盈利，否則就把他的部門出賣給別人。道理很簡單，就像一家大百貨商店的經理指著一個門市部說：「那裡虧損太大，我們關了它。」

最大的虧損部分出在公司於一九六一年買進來的菲爾科器械和電子公司。買菲爾科公司是個大錯，它每年虧損幾百萬美元，直至十年之後才開始盈利。許多高層經理人員當時都反對買這家公司，但是亨利堅持要買。在福特公司，只要亨利想要的，都必須弄來。

在一九七〇年代初期，他們一共放棄了大約二十個虧損部門，其中一個是生產洗衣機的。至今艾科卡還不知道洗衣機部門

怎麼搞成這個樣子，十年來它從沒有為福特公司掙過一分錢，所以他們最終甩掉了這個包袱。

削減開支、減少虧損成了艾科卡工作的一個新的領域。他原來主要關注銷售和設計，但作為總經理，他首先要想方設法減少成本，增加利潤。因此，艾科卡贏得了那些過去常常對他持不信任態度的鐵算盤們的尊敬。

作為總經理，艾科卡現在承擔著多種不同的責任，因此他必須學會不同的工作方法。雖然他不願意承認，但是實際上他已經不具有生產「野馬牌」汽車那個年月的精力了，那時候他晚飯只吃一個漢堡，一直在辦公室待到深夜。

過去，他在一兩個星期內都騰不出時間來給人回電話。但是現在他覺得，保持頭腦清醒，以一種健康的精神狀態出現在大家面前更加重要。

現在他用了一個專門的司機，不再自己開車回家。他可以利用回家往返路上的時間看書和寫信。他還保持過去的老規矩：除非離開本市外出了，週末的時間他都和家人同享天倫之樂。直至星期日的晚上他才打開公文包，在書房裡看材料和計劃下週的工作。星期一早晨，他趕緊回公司。他對手下的人要求很嚴，他發現，只有上司高效率才能促使下面也高效率。

在艾科卡任福特公司總經理期間，常常有人對他說：「把全世界的錢都給我，我也不願意當你那個總經理。」他無言以對。

他喜歡這個職務的工作，儘管許多人認為爬得高摔得痛，最後會置於死地。但他從來不這樣看。對他來說，這是最激動人心的挑戰。

當上總經理後，他也確實有過遺憾。他作了多年的努力，終於攀上了峰巔。而一旦攀上了峰巔的時候，他又不知道自己為什麼要趕得如此匆忙。他還只四十多歲，他不知道今後還能不能有新的突破。

他喜歡總經理的權威，但作為一個人總是禍福皆有。一個星期五的早晨，他坐車去上班。收音機在播放節目，他似聽非聽地看著別的東西。突然一個播音員的聲音打斷了正在廣播的節目，播出了一份特別新聞公報：包括艾科卡在內的一些高級企業領導人已經成為曼生「家族」刺殺的目標！

這個令人震驚的消息來自與弗羅姆同屋住的桑德拉·古德。弗羅姆女士由於企圖在沙加緬度暗殺福特總統已被逮捕歸案。

雖然這些也許不能構成什麼實際的危險，但也確實讓艾科卡害怕了一些日子，他倒不是為了自己，而是擔心家人的安全。

玻璃大樓的煩惱

艾科卡認為總經理是這個世界最好的職位，他從不想抱怨太多。對於艾科卡來說，如果亨利是帝王，他就是王儲。毫無疑問亨利是喜歡他的。

　　有一次，艾科卡設家宴招待亨利及夫人。亨利在艾科卡的父母面前稱讚他是如何了不起，並且說沒有他就沒有福特汽車公司，大家一直聊至深夜。有時，亨利還帶艾科卡去見他的好朋友。他確實認為艾科卡是他的接班人，也以接班人來對待他。

　　那是玫瑰和美酒的時光，玻璃大樓裡的高級經理人員都過著皇宮貴族般的日子。在某種程度上說來，甚至還要超過皇宮貴族，享受他們享受不到的東西。白領侍者二十四小時隨叫隨到，他們一起在專設的餐廳裡用餐。

　　它不是普通的餐廳，而是全國最高級的餐廳之一。英國的多佛魚每天都運來。不管在哪個季節，吃的都是最好的水果。還有特製的巧克力、奇異的鮮花──應有盡有。而這一切都由訓練有素的白領侍者殷勤服務。

　　一些人議論起這些午餐到底要花公司多少錢。於是就進行了解。結果發現實際上每頓飯每人要花掉一百零四美元！

　　在這個高級職員餐廳裡，從特製牡蠣到烤松雞，要什麼有什麼。連亨利都說，家裡那個年薪為三四萬美元的私人廚師，都做不出這樣好的漢堡牛排來。

　　在艾科卡當總經理之前，他很少和亨利直接接觸。但現在他的辦公室就在他的隔壁，他們經常見面，雖然只是在開會的時候。對亨利越熟悉越了解，越覺得亨利的固執、剛愎自用會給公司發展帶來許多不利，艾科卡擔心公司的前途，當然也包括他自

己的前途。

　　玻璃大樓是個皇宮，而亨利就是至高無上的皇帝。只要他一邁進這座大樓，人們就會說：皇上駕到。經理們在大廳裡徘徊著，希望能遇上一面。如果運氣好，亨利先生可能會注意到他們，並打個招呼。但更多的時候是不屑一顧。

　　每當亨利步入會場，氣氛就會驟變，因為他掌握著大家的生殺大權。他可以突然說「讓他滾蛋」，他也經常這樣做。如果不廣開言路，福特公司再有前途的事業也會蒙上陰影。

　　亨利重視一些表面化的東西。他以衣帽取人。如果有人穿了件好衣服，再加上說話動聽，亨利就會對他產生好印象。否則別想出人頭地。

　　有一次，亨利命令艾科卡解僱一位經理，根據他的判斷，這位經理在搞同性戀。

　　艾科卡對他說：「別傻了，這個小夥子是我的好朋友，他已結婚，還有孩子。我們常在一起吃飯。」

　　亨利還是說：「不要他！他搞同性戀。」

　　「你能否說具體點？」艾科卡說。

　　「你瞧他的牛仔褲，多緊。」

　　艾科卡平靜地說：「亨利，褲子緊又有何相干呢？」

　　亨利說：「他很古怪，不要他。」

　　最後，艾科卡不得不失去一個好朋友。他每時每刻都在痛恨這件事，但是當時除了開除他別無他法。武斷專橫不僅是亨利性格上的一大弱點，更可悲的是他自己信仰這種權術。

　　艾科卡擔任總經理後不久，亨利曾對他講過他的管理哲學。他說：「誰在你的手下幹活，不要讓他過得太舒服，不要讓他稱心如意，不要讓他想得到什麼就得到什麼。與此相反，要讓他們因猜不透你而焦急不安，失去平衡的狀態。」

　　亨利對有些事往往神經過敏。例如，凡事他都不願意留下文字痕跡。艾科卡和他合作將近八年，在艾科卡保存的檔案材料中從未留下過亨利的簽名。亨利常常說，他從不保存任何文件，以免被人抓到把柄，所以他經常不斷地燒毀文件和記錄。

　　他對艾科卡說：「這些東西有百弊而無一利。誰保存文件記錄就是自找麻煩，如果被不該看的人看到，不是你個人就是公司倒楣。」

　　水門事件對他觸動很大，此後他變得更為謹小慎微。他說：「看見了嗎？我的話是對的，什麼事都可能發生！」

　　有一次他來到艾科卡辦公室。當他看到艾科卡的許多筆記本和卷宗時，他說：「你瘋了？幹嘛要保存這些材料？到時你會倒大霉的！」

　　亨利遵循祖父的座右銘：「歷史是騙人的空話。」他對此確信無疑。他採取的態度是：銷毀一切可以銷毀的東西，不留痕

跡。

在艾科卡任總經理期間，有一次亨利請著名的義大利攝影師卡什替他照相。和往常一樣，卡什的照片拍得很好。亨利對此很滿意，把簽了字的相片贈給他的許多親友。

有一天亨利的助手特德·梅克和艾科卡正在欣賞這張照片。

「你覺得老闆這張最近拍的照片怎麼樣？」特德問。

「照得很好。」艾科卡說，「說真的，我手頭還沒有一張亨利的照片，你覺得我可以向他要一張嗎？」

特德說：「當然可以。我把這張拿去讓他簽個字給你。」

過了幾天，特德對艾科卡說：「亨利先生不願意當即簽字，所以我把照片留給他了。」

後來艾科卡又去見亨利，看到他桌上放著一張照片。他說：「這張照片真棒。」

亨利說：「謝謝。說實在的，這張照片是準備給你的。我還沒有來得及在上面簽字。」

此後石沉大海，他再也沒有提到過照片的事，艾科卡也壓根兒沒有拿到這張照片。依亨利看來，在照片上簽名送人似乎太親密了一點，哪怕是自己的總經理。

看來亨利不想給艾科卡和他之間的友誼留下任何具體和持久的紀念，儘管當時他們還是朋友。也許他已料到，遲早他對艾

科卡會化友為敵的，因此不能留下他們曾經友好相處的證據。

其實，艾科卡和亨利合作的頭幾年，彼此之間就有分歧。但艾科卡總是盡量克制自己。即使出現了大矛盾，他也總是大事化小。如果出現嚴重的分歧，艾科卡肯定要把這些問題留待私下解決，等到亨利能夠聽得進申辯時為止。

作為一個總經理，艾科卡不想把精力花費在無謂的爭執和庸俗的人際交往上，他必須多考慮公司的大局。比如公司今後五年的目標是什麼，公司要注意哪些重要趨勢等。

一九七三年的阿拉伯和以色列的戰爭以及隨後產生的石油危機說明了這一點。世界發生了天翻地覆的變化，小型化、耗油少、前輪驅動的汽車將是未來汽車的潮流。

只要看一看一九七四年的汽車銷售量，就不難發現這一年底特律很不景氣。通用汽車公司的汽車銷售量減少了一百五十萬輛，福特公司減少了五十萬輛。市場上大多數小型汽車都是日本貨，而這些小型車十分暢銷。

通用汽車公司正以幾十億美元巨款生產小型車，克萊斯勒公司也正在花大筆錢生產耗油少的型號。

小型車像一塊骨頭卡住了亨利的喉嚨。但艾科卡還是堅持要生產小型的前輪驅動車，起碼可以在歐洲銷售。歐洲的油價高，道路也狹窄。

艾科卡派產品計劃師哈爾·斯普里奇到歐洲訪問。他們只花

了不到三年的時間就推出了一輛新型號汽車「菲斯特牌」。「菲斯特牌」是一種小型的前輪驅動汽車,有一個橫向引擎。它造型美觀,性能也不錯,艾科卡覺得它肯定會贏得客戶的歡心。

但這種車型在徵求意見時,遭到了包括歐洲部高級主管在內的一些人的反對,並背後說艾科卡一定是神志不清了,這種車是賣不出去的,即使能賣出去,也賺不了錢。

但艾科卡深信,這種車一定會有很好的市場反應。他與亨利據理力爭。亨利想通了,最後同意撥款十億美元生產「菲斯特牌」汽車。他做了一件好事。「菲斯特牌」汽車是一個巨大的成功,它挽救了歐洲部,就像一九六〇年代「野馬牌」汽車使福特部反敗為勝一樣。

在歐洲,不管亨利走到哪裡,總是同皇室貴族在一起。他同他們談笑風生或飲酒作樂,或閒逛玩耍。他喜歡歐洲非同一般,甚至經常說退休後到那裡居住。

事實證明,「菲斯特牌」汽車的成功無疑是艾科卡在福特公司的事業夭折的原因之一。因為在美國國內他取得的成績對亨利不具威脅,但在歐洲,當人們在這塊舊大陸的大廳裡為艾科卡喝彩時,亨利感到不安了。

與亨利產生矛盾

儘管亨利從未公開講過，但實際上有些地方是不許別人涉及的禁區，歐洲是其中之一，再就是華爾街。

在一九七三年和一九七四年年初，雖然已發生石油危機，福特公司還是開始大筆賺錢了。為了溝通公司的發展情況，艾科卡和一些高級管理人員到紐約會晤一百來名主要銀行家和股票分析家。

亨利總是對這種聚會持異議。他常說：「我不主張去推銷股票。」但是幾乎所有公共公司都要和金融界人士舉行這類聚會，這是日常業務的一部分。

當亨利在那次會議上發言時，適逢醉了酒。他喋喋不休地談起公司正在如何解決困難。會場上公司負責財政的倫迪朝艾科卡這邊靠過來說：「喂，李，你現在最好做一回惡人，替我們挽回面子，否則我們都成了白痴了。」

艾科卡站起來發了言。也許這次發言就是他在福特公司末日的開端。

第二天上午亨利把他召去。亨利帶著不高興的表情說：「你對外界的人講話太多了點。」他的意思是，艾科卡同汽車商講話是允許的，但要避開他的華爾街。否則，人們會以為艾科卡在發號施令，而這又把他放在何處。

那一天預定在芝加哥和聖弗朗西斯科舉行的一些類似的會議都取消了。亨利說：「我們再也不召開這種會議了，再也不要出去告訴別人我們準備做些什麼。」

只要與產品有關，艾科卡成了新聞人物亨利也不介意。在艾科卡成了《紐約時報》雜誌的封面人物的時候，亨利還往他在羅馬下榻的旅館發來一封電報，以示祝賀。但要是人們對艾科卡的讚揚涉及他的勢力範圍，他就忍不住了，他覺得他的權威受到挑戰。

福特汽車公司的股票早在一九五六年就已經公開上市了，但亨利從未真正接受這一變化。對待董事會更是愛答不理，不把董事會放在眼裡而一直把它捏在手中隨心所欲地擺布。

亨利採取這種態度，無疑是因為他和他的家族雖然在公司只占有百分之十的股份，但卻享有百分之四十的投票表決權，因此才有恃無恐。他對待政府的態度和對公司的態度差不了多少。

有一天他問艾科卡：「你交所得稅嗎？」

艾科卡回答說：「你在開玩笑吧？當然要交的！我可以隨意支配我的收入，但那是在支付完百分之五十的所得稅之後。」

亨利卻說：「我有點擔心。今年我付了一萬一千美元。我六年來一共只付了這麼多。」

艾科卡有些難以置信：「亨利，你怎麼能逃稅呢？」

他說：「此事由我的律師處理。」

艾科卡對他說：「我並不反對利用政府所允許的一些漏洞，合理避稅，但是我們公司裡的人都付差不多和你一樣多的所得稅！難道你不認為你要付你應該付的數目嗎？國防開支怎麼辦？那些陸軍和空軍開支從哪兒來？」

但是亨利不以為然，還向別人抱怨艾科卡多事。

艾科卡還知道有一件濫用飛機的事。有一次，公司從日本航空公司買來一架七二七噴氣式飛機，亨利下令把它改裝成豪華客機。律師們告訴亨利，不應該用公司的飛機去渡假或到歐洲旅行，除非自己付費。但亨利口頭同意後不久就又享用免費的服務坐飛機去歐洲旅遊了。

那個時候，因為公司的業務關係艾科卡常常乘坐這架七二七飛機定期到海外出差，這讓亨利很不愉快，他不能容忍的是他想乘飛機時卻被艾科卡占用了。

一天，亨利突然給艾科卡下達命令，要他以五百萬美元的價格把這架飛機賣給伊朗國王。

管理公司飛機的人大為吃驚，那些人說：「我們是不是起碼要讓對方出個價吧？」

亨利回答說：「不必了。我要讓那架飛機今天就離開這裡！」結果，公司在這樁買賣上丟了一大筆錢。

　　亨利努力使自己顯得有教養而且舉止像歐洲人。他懂得使自己具有吸引力，還懂得一些藝術和關於酒的知識。但這些都是偽裝。三瓶酒下肚，他便原形畢露。他會在你的面前從善良紳士變成惡棍。

　　因此，艾科卡的朋友查利和麥納馬拉都曾警告他說：「離他遠一些。他喝醉了酒，你會無緣無故招致麻煩。」

　　亨利的助理埃德‧奧利里也有過類似忠告，他說：「你絕不會因為虧損十億美元被解僱。但也許有一天亨利酒醉之後罵你一聲義大利佬，你就和他爭吵起來，他就會請你走人。注意聽我說──有時會莫名其妙。所以要常常離他遠一點，免得惹出是非。」

　　艾科卡盡量這樣做。但是亨利不僅僅是粗魯而已。

　　在一九七四年討論「機會均等計劃」的一次經理部會議上，艾科卡開始看透亨利的為人。在那次會上，每個部門按要求匯報僱用和提拔黑人的進展情況。這些匯報比較平庸，亨利生氣了，他說：「你們這些人只停留在口頭上！」

　　接著他很動感情地呼籲要多為黑人做點事。亨利還說，獎金的發放應當馬上和這方面工作的好壞掛起鉤來。他說：「這樣，你們就可以甩掉那些蠢貨，為黑人團體做些切實可行的事。」

　　他在會上的講話是那麼動人，使艾科卡感動得流了眼淚。他心想：「或許他是對的。我們的工作可能確實做得不夠。也許

我行動遲緩。既然老闆認為很有必要，我們應當加把勁幹。」

　　會開完以後，他們都上樓去經理飯廳吃午飯。和往常一樣，艾科卡還是和亨利坐一桌。一坐下來，他就開始滔滔不絕地談起黑人來了。他說：「這些該死的黑鬼，在我房子前面的湖濱車道上開著車來來往往。我恨他們，也害怕他們。我想搬到瑞士去住，那裡沒有任何黑人。」

　　這是艾科卡永生難忘的時刻之一，他沒有想到剛才亨利還在講那些感人的話，而一個小時後他又在大罵黑人了。這時艾科卡才認識到亨利表裡不一、指鹿為馬的行徑讓他作嘔。他是在替一個什麼人幹事啊！

　　種族偏見已經夠讓人噁心的了，艾科卡在艾倫敦已經領教過。但學校裡的小孩至少沒有偽裝自己。亨利除了偏見外，還是個偽君子、假善人。

　　在大庭廣眾之下，亨利裝得像是世界上最寬大為懷的企業家，而在私下裡，他卻鄙視幾乎所有人。至一九七五年為止，他還沒有當著艾科卡的面誹謗過公司裡的義大利人。但過不了多久，他就彌補了這個空白。

受到亨利的調查

　　一九七五年，亨利‧福特開始極力排擠艾科卡，開始了他那個想讓艾科卡離開的計劃。

在這以前，至少看上去亨利一直是栽培艾科卡的。但一九七五年，他開始患上了心絞疼。他看上去確實健康不佳。從這時開始，亨利可能意識到自己將不久於人世。

當生性多疑的亨利認為艾科卡已經危及亨利家族的利益時，他決心要擺脫艾科卡。但他又缺乏足夠的勇氣明目張膽地讓艾科卡滾蛋。另外，他自己也深深地懂得個中關係，錯綜複雜、十分棘手，弄不好會適得其反。於是，他開始用心計，決心羞辱艾科卡，迫使他自己離開。

一九七五年初，艾科卡去國外出差，參加了由美國《時代》雜誌組織的一個企業領導人代表團到中東訪問活動，在那裡逗留了幾個星期，以促進對以色列和中東世界的更好了解。

當艾科卡二月三日回到美國時，他驚訝地發現，他的助手查默斯‧高耶德正一臉不安地在紐約機場等著他。

「發生了什麼事？」艾科卡問。

「出了大事了。」查默斯說。

毋庸置疑，肯定是出事了。艾科卡仔細地聽查默斯介紹在他出國期間所發生的非常事件。就在幾天前，也就是代表團在沙烏地阿拉伯和費瑟國王會晤期間，亨利卻突然召集高級經理們舉行了一次特別會議。

亨利十分擔憂石油輸出國組織的形勢，下令取消二十億美元的生產計劃。在這個決定中，他簡單粗暴地砍掉了許多對福特

公司來說富有競爭力的產品，例如小轎車、前輪驅動技術等。

亨利一直等艾科卡遠赴國外時才匆匆召集這次會議，也是想趁此機會剝奪艾科卡參與重大決策的權限和責任，而這破壞了艾科卡一直致力於想要實現的宏大的發展計劃。

亨利那一天的決定對公司造成的破壞是無可估量的。福特公司本應在一九七九年上市銷售的兩款小型前輪驅動小車直至一九八三年五月才投放市場。

幾天以後，艾科卡因流行性感冒病休在家，「非常遺憾」地跟上次出國時一樣錯過了一個重大的會議。亨利在利用一切可能的機會削弱艾科卡的影響力。

在那些日子裡，艾科卡的女祕書貝蒂‧馬丁也看出了大樓裡有些不正常。她是一位很出色的女性。艾科卡認為，如果不是亨利大男子主義在作祟，她早該是副總經理了。

任何時候發生的可疑情況，都逃不脫貝蒂的眼睛。在男人們之間周旋，她是游刃有餘的。

有一天她對艾科卡說：「我剛剛了解到一個情況，您每次打電話在公司信用卡上記帳時，馬上會有一個記錄送到亨利先生的辦公室。」

一兩個星期後她又告訴艾科卡：「您的辦公桌上總是很亂，所以有時我回家前替您收拾一下。每次我把什麼東西放在什麼地方總是記得一清二楚的。可是第二天早晨，所有的東西都被動過

了。這樣的事時有發生，我認為您有必要知道這個情況。我不以為清潔工在打掃衛生時會動您的東西。」

艾科卡回家對瑪麗說：「如今我很憂慮。」

貝蒂‧馬丁是個很嚴肅的婦女，她平素最恨無事生非的人。要是她認為情況不嚴重，是斷然不會把這些事告訴艾科卡的。大樓裡一些微妙的事情發生，通常祕書們的消息是最靈通的。

一九七五年四月，福特公司宣布第一季交稅後虧損一千一百萬美元。這就是說，福特公司已經連續兩季出現虧損了。

亨利開始有點神經異常。七月十一日，他的這種神經異常在公眾面前暴露無遺。那一天他突然召集公司五百位高級經理開會。對於這次不同尋常的集會有何目的，他事先對任何人一點也沒有透露，包括對艾科卡。

當每一位經理都被召到大禮堂以後，亨利開始講話。他宣布：「我才是這艘船的船長。」他說，公司的高級管理人員把事情搞糟了。

對艾科卡來說亨利指的是誰，他心知肚明。這是一次非同尋常的集會，亨利氣急敗壞、語無倫次的樣子讓參加會議的人員很吃驚。人們一走出禮堂後便開始打聽：「嘿！公司出什麼事兒啦？」

這次集會以後，大家都開始懷疑亨利是否已經失去了理

智。每個人都很緊張，整個公司都像是凍結了，大家都不幹活，人人忙於猜測亨利下一步會怎麼樣，自己應該站到哪一邊。

儘管新聞界尚未抓到公司內部紛爭的蛛絲馬跡，但福特的代理商們已經嗅到了有些味道不對頭。

一九七六年二月十日，福特部的代理商在拉斯維加斯開會。會議記錄寫著：

在福特汽車公司的領導層內部，似乎政治氣氛太濃，並影響了領導人發揮有效的作用。在這個時候，亨利‧福特二世有失眾望，未能像汽車商們所期待的那樣提供高品質的領導藝術。

汽車商們還對一些事表示了擔憂：福特公司缺乏新產品，已經落到了跟著通用汽車公司後面跑的境地。

在艾科卡和亨利的鬥爭過程中，汽車商們明確地站在艾科卡一邊。這反而越加是壞事，汽車商們每發表一個支持他的聲明，亨利就多了一顆射向艾科卡的子彈。

在福特汽車公司裡並無民主可言。艾科卡在群眾中的威望足以使亨利深信，他是一個危險分子。然而所有這一切，比起那一年真正的大新聞來，都是微不足道的。

一九七五年初秋，亨利把保羅‧伯格莫薩叫來，嚴厲盤問他關於和比爾‧富加茲做生意的事。富加茲在紐約開有一家轎車和旅遊公司，併負責安排福特公司汽車商的獎勵活動。

過了不久，亨利又把艾科卡叫了去。他對艾科卡說：「我知道，富加茲是你的好朋友。不過我要對他進行一次全面的調查。」

「出了什麼差錯？」艾科卡問。

「我認為他與黑手黨有勾搭。」亨利說。

「這不可能。他的祖父在一八七〇年就開始做旅遊生意。另外，我和富加茲一起吃過飯，和他接觸的都是一些正派的人。」

「這些我可不知道，」亨利說，「他開了一家大型豪華轎車公司。這種車和卡車往往都是和黑手黨有關係的。」

「您在開玩笑吧，」艾科卡說，「如果他捲進了黑手黨，為什麼他還會虧損那麼多錢？」這一點理由也許站不住腳，於是他又舉出一條，提請亨利回想一下：正是比爾·富加茲，設法讓來紐約的羅馬教皇坐「林肯牌」汽車，而不是坐「卡迪拉克」汽車。

但亨利態度強硬，根本不聽艾科卡的。另外，富加茲告訴艾科卡，他辦公室裡的檔案材料，在他不知道的情況下，都被取走了。他還肯定，他的電話都被錄了音，但他們沒有發現任何可以當作罪證的東西。

很快，情況變得明朗了。所謂富加茲事件，只是一種煙幕，亨利要整的壓根兒不是比爾·富加茲，而是艾科卡。

從一九七五年八月開始的「調查」，大概是水門事件的啟發

吧，亨利甚至指定了前密執安高級法庭法官西奧多·索里為他的調查員。

這次調查開始發生在拉斯維加斯的一個福特公司汽車商會議上。負責這次會議財務開支的是福特公司在聖地牙哥推銷處的負責人溫德爾·科爾曼。他被傳訊，被迅雷不及掩耳地審了一通。他對此極為憤怒，把前前後後的情況詳細記錄下來送給了艾科卡。

一九七五年十二月三日，科爾曼被叫到總部去，從公司財務部去的兩個人「接見」了他。他們起先勸告他要如實匯報情況，然後卻對他說，這不是福特部要查帳，而是總部要求查帳。他們要他對此事保密，不得告訴公司任何人。

在接見中，首先核查福特公司汽車商在拉斯維加斯吃的幾次飯的情況。他們問科爾曼，在夢幻飯店吃飯時有沒有女人在場，特別強調有沒有任何女人跟艾科卡在一起。爾後，他們嚴厲批評科爾曼為什麼那麼慷慨地給女招待小費，盤問富加茲在不在場，官員中有沒有人賭博，他有沒有給錢支持他們去賭博，等等。

「這簡直是政治迫害！」科爾曼生氣地對艾科卡說。

藉口審核公司高級管理人員的旅行開支，亨利實際上是對艾科卡的工作和私生活都進行了全面的調查。「審核」包括對五十五個人的「接見」，所涉及的人不僅有福特公司的官員，還

有公司以外的人，諸如美國鋼鐵公司的人和公司的廣告代理人。

　　儘管興師動眾、費盡心機，調查中沒有找到任何有損於艾科卡或是他手下人的材料。

　　一份完整的調查報告送到了富蘭克林·墨菲手裡。墨菲來看艾科卡，對他說：「你沒有什麼可以擔心的，整個事情都過去了。」

　　艾科卡怒不可遏：「在調查過程中，你們董事會裡怎麼沒有一個被捲入的？」

　　「把它忘掉吧，」墨菲說，「你又不是不了解亨利。」

　　花了兩百萬美元進行調查而一無所獲，一個正常人早該說：「是啊，我檢查了我手下的總經理和一批副總經理，他們清廉如洗。我為他們感到驕傲，因為他們經得起無情的調查。」但亨利絕對不會這麼說。

　　在那些日子裡，人們都不敢在自己的辦公室裡打電話，要打電話得去別的樓裡。雖然亨利去日本了，但他仍可透過現代化的高保真的電子儀器看到一切。大家都擔心自己的辦公室裡有竊聽器。

　　這些高級經理們當時所承受的壓力是令人難以置信的。他們把辦公室的窗簾放下，壓低嗓門說話。跟艾科卡一造成克萊斯勒公司以前，曾一度當過赫芝公司董事長的貝爾·比德威爾常常說，他甚至不敢在樓道裡走路，走路時腳都發抖，唯恐「國王」

一聲大吼把自己嚇死。

這就是一九七五年玻璃大樓裡的政治氣氛，這也是艾科卡真想憤然離去的原因。

當這次調查結束時，朋友們對他說：「天哪，總算過去了。」

艾科卡卻說：「不，沒有過去。亨利這次一無所獲，被人看作是一個笨蛋。現在我與他的真正麻煩開始了！」

被福特公司解僱

雖然沒有調查出什麼問題，但亨利想擺脫艾科卡的決心絲毫未變，他決意要把艾科卡趕出福特公司。當他的調查未能達到此目的時，又在想其他的主意。

有人說，亨利手中有一張艾科卡好友的名單，艾科卡很快弄清楚這不僅僅是謠言。

接二連三有和他關係密切的人以各種理由被辭退。其中包括斯普里奇——他算得上底特律那些最富傳奇式人物之一。人們對他的評價是：「他的血管裡裝的是汽油。」在推出幾種新車，尤其是「野馬牌」汽車和「菲斯特牌」汽車的過程中，他立下過汗馬功勞，起過關鍵作用。

艾科卡告訴亨利：「斯普里奇幫我們造出了『野馬牌』汽車，他使我們成了百萬富翁。」

「你別胡謅了！」亨利打斷艾科卡的話，「我就是不喜歡他。你沒有資格問我為什麼不喜歡他。我說不喜歡就是不喜歡！」

斯普里奇被解僱後心裡很不是滋味。斯普里奇很自信，深信自己的才幹足以使他在福特公司站穩腳跟，哪怕是老闆不欣賞他。然而他忘了，他是置身於獨裁專制之下。

艾科卡對斯普里奇說：「這算不了什麼。也許我應該和你一道離開，雖然我的地位比你高，我也同樣在這裡受氣。說不定這是亨利幫了你忙。在一個更為民主的環境中，你的才幹會得到更大的承認和獎賞。眼下很難相信，但有一天你回過頭來看的時候，你會感謝亨利把你趕走的。」

斯普里奇被解僱不久，克萊斯勒汽車公司的總經理馬上邀請他去赴午宴。一九七七年初，他便開始在克萊斯勒工作，在為該公司計劃生產小型車輛的過程中，他立即扮演了主角。許多他在福特公司想做而未能做的事情，在那裡都實現了。

一九七七年新年伊始，亨利宣戰了。他讓麥金西經營管理諮詢公司來幫助重組最高層領導團隊。當這一重組工程結束時，公司裡的一位高級官員在艾科卡辦公桌上留下一張紙條，上面寫著：「堅持下去吧，李。」當然這很不容易。

諮詢公司經過了幾個月的研究，耗資數百萬美元，麥金西發表了建議書。這是一個所謂三駕馬車的做法，即用三個行政執行官來取代歷來的董事會主席和總裁兩人領導制。

　　這種新安排從四月份開始正式生效。亨利當然還是董事會主席和執行長。菲爾‧考德威爾被任命為副主席。艾科卡繼續當總裁。

　　表面上三人各有分工，井水不犯河水。而實際上，它的關鍵性改變——這次重組團隊的理由，已由亨利發放的一個備忘錄寫得一清二楚。這個備忘錄專門聲稱：「當主席不在的情況下，副主席就是首席行政執行官。」換言之，亨利在三人中為第一位，菲爾‧考德威爾成了第二號人物。

　　宣布考德威爾為第二號人物，使艾科卡和亨利的鬥爭走向公開化。在這以前，一直採取的是迂迴戰術，現在亨利的膽子更大了。這次重組團隊實際上是用一種遮遮掩掩的、偷梁換柱能被社會接受而不致白熱化的辦法奪走了艾科卡的權。

　　儘管艾科卡怒火中燒，在公開場合他還是維護這個新團隊。他對所有在手下工作的人說，這個新機構完美無缺。

　　不出所料，這個三駕馬車的辦公室沒有維持多久。一九七八年六月，新團隊建立僅十四個月，亨利又搞出了新花樣。這個團隊不再是三個人，而改成四個人了。新安插進來的是亨利的弟弟克萊‧福特。

　　這樣，艾科卡在這個團隊裡被推到第四位了。他現在有事不是向亨利報告，而得向菲爾‧考德威爾報告，因為他的職位比艾科卡高。

　　艾科卡發現這段時期他的權力就像切香腸一樣，過幾天就會被切掉一段。但艾科卡說，他不會去撿回失去的部分。

　　四天以後，亨利會見了九個董事會成員，告訴他們說他準備解僱艾科卡。這一回董事會出來干預了，他們說：「不，亨利，你這樣做是錯誤的。冷靜下來吧，我們準備跟李談談。我們會把事情辦妥的，你去向他道個歉。」

　　亨利很不高興，他對富蘭克林‧墨菲說：「我今天失去了董事會。」

　　第二天，亨利來到了艾科卡的辦公室。這是八年來他第三次來艾科卡辦公室。他對艾科卡說：「我們重歸於好吧！」

　　艾科卡與亨利之間的假平靜維持了一個月。一九七八年七月十二日晚上，像以往每次董事會召開的前夕一樣，亨利與外部的董事們共進晚餐。他再次宣布準備解僱艾科卡。

　　這一次他指責說，艾科卡在他背後組織小集團反對他。

　　亨利再次遭到了一些董事的反對。他們紛紛指出艾科卡對公司的忠誠以及他在公司的價值。他們要求亨利重新把艾科卡放到公司第二號領導人的位置上。

　　這下亨利惱怒了，他臉色鐵青。他怎能容忍別人回嘴！他大聲嚷嚷：「有他就沒有我！我給你們二十分鐘去作決定！」說完便怒氣衝衝地離開了房間。

　　亨利無法間接地趕艾科卡走，只有調整手段，直接動手了。

　　就在那天晚上，艾科卡接到汽車工業的商業性週報《汽車新聞》的發行人凱恩·克萊恩的一個電話。「這事是真的嗎？」他在電話裡問。

　　「這事」所指，是不言自明的。克萊恩是亨利兒子的好朋友。艾科卡猜想，一定是亨利指使兒子給克萊恩透露個消息，好讓他透過報界知道自己已被解僱。

　　對於艾科卡來講，這是亨利的故伎重演。亨利希望解僱艾科卡的消息透過第三者傳給艾科卡，而他自己卻躲在幕後操縱。這就保證了「國王」不因親自幹骯髒的勾當而弄髒了自己的手。

　　第二天早晨艾科卡照常去上班。辦公室裡一切如故，似乎什麼也沒有發生過。午飯時分，他甚至懷疑凱恩·克萊恩電話裡說的事不可靠。但是不到下午三點，亨利的祕書通知他，說亨利讓他去。

　　「看來真是如此。」艾科卡心想。

　　當艾科卡走進亨利的辦公室時，發現他和他的兄弟比爾正坐在一張大理石會談桌旁，面帶不自然的表情。他們倆都神情緊張，艾科卡倒是十分輕鬆。艾科卡已有思想準備，知道將會發生什麼，這次會見只不過是履行一下正式手續罷了。

　　當艾科卡在桌旁坐下時，亨利支支吾吾，語無倫次。他從來沒有直接解僱過任何人，他不知道話題該如何起頭。

冷場了半天，亨利說：「有時候，我不得不照我自己的方式行事。我決定重新組織本公司。這是你最不樂意的，但你非得接受不可。我們一直合作得很好。」艾科卡以不信任的眼光看著他。

亨利繼續說道：「但是我覺得你應該離開這兒。對本公司來說，這是最好的辦法。」

在整整四十五分鐘的會見過程中，亨利自始至終未用「解僱」這個詞。

「這都是為什麼？」艾科卡問。

亨利說不出任何理由。「這是我個人的事，是我對公司新的設想和安排。」他說，「我不能告訴你更多的，事情就是這樣。」

然而艾科卡堅持要他說明白。艾科卡強迫他說出解僱的理由，因為艾科卡相信他說不出像樣的理由。最後，亨利只是聳了聳肩膀說：「得了，責任不在你。有時候就是不喜歡某個人，這是我的怪癖。」

艾科卡手裡只剩下一張牌了。他轉向比爾說：「比爾是什麼態度？我想知道他是怎麼想的。」

「我的主意已經定了。」亨利說。此時比爾低著頭默不做聲。

艾科卡有點失望，但並不奇怪，血要比水濃，比爾是這個家族的一分子。

此刻，艾科卡想到了養老金和公司應該給他的補償。於是說：「我有一些權益，我不希望在這方面還會引起爭論。」

亨利說：「這好辦，我們可以安排一下。」雙方同意，艾科卡的離職從一九七八年十月十五日，艾科卡五十四歲生日那天生效。如果他離職的日子早於這一天，將蒙受許多損失。

直至此刻，他們的談話一直是很平靜的。然後艾科卡把話題搶了過來。他列舉了為福特公司所做的大量工作。艾科卡提醒亨利注意，這兩年是公司歷史上成績最佳的兩年。艾科卡嚴正地指出，亨利應該知道自己拋棄了什麼。

當快講完時，艾科卡提高了嗓門：「請看著我！」在這以前，亨利的眼光一直未與他相遇。艾科卡意識到這是他們最後一次談話了，因此聲音越來越大：

「我告訴你，你將坐失良機！今年我們賺了十八億美元，加上去年一共是三十五億美元，連續兩年的好勢頭。但是，亨利，請你記住我的話，你永遠也不會再有一年賺十八億美元了。你知道為什麼嗎？因為你壓根兒不懂得我們是怎麼把錢掙來的。」

這是千真萬確的。亨利是個花天酒地的花錢老手，他從來不知道錢是怎麼得來的。他只是坐在他的象牙塔裡驚奇叫喊：「天哪！我們在賺錢！」他成天坐在那濫用權勢，他哪裡知道如何使公司這部大機器正常運轉。

這次會晤快結束時，比爾倒是情真意切地勸亨利改變主

意，不要讓艾科卡走。但這無足輕重，也為時太晚了。當離開亨利辦公室的時候，比爾臉上掛滿了淚花。他不停地說：「這是不該發生的事。他太絕情了。」

接著，他對艾科卡說：「你真冷靜。你跟我們幹了三十二年，他竟無緣無故地趕你走。你為他竭盡全力，在他一生中還沒有一個人像你那樣對待他。然而令我驚奇的是，他竟如此無動於衷。」

「謝謝你，比爾。」艾科卡說，「然而我已經死了，你和他還活著。」

艾科卡回到自己辦公室後。電話一個接一個，有朋友打來的，也有同事打來的，詢問他是否真的被解僱了。很顯然，關於艾科卡被解僱的風聲早已傳出。這天下班前，亨利向高級行政官員們下達了一則含糊其辭的備忘錄。備忘錄只寥寥幾字：「有事請向菲爾·考德威爾匯報，立即生效。」

那天下午離開辦公室後，艾科卡覺得如釋重負。「感謝上帝，可以讓我清靜一點了。」他自言自語地坐進了車裡，他們剛剛完成了歷史上最好的六個月的計劃。

回到家裡，艾科卡接到了小女兒麗婭的一個電話。她當時在網球訓練營，這是她第一次離開家。她從廣播裡聽到父親被解僱的消息，哭泣不已。

每當艾科卡事後回憶起這可怕的一週時，首先閃現的是麗

婭在電話裡的哭聲。艾科卡恨亨利如此絕情解僱了他；他更恨解僱他的方式。在全世界知道這件事之前，不容他坐下來跟孩子們說一聲。

麗婭不單是悲傷。她在悲傷中還帶有怨恨，恨父親被解僱之前為什麼不事先跟她打個招呼。她根本不相信父親事先會一點也不知道。

「您怎麼可能會不知道呢？」她責問艾科卡，「您是一個大公司的總裁呀！您總是知道將要發生的所有事情的。」

「這一回真的不知道，親愛的。」艾科卡告訴她。

在整整一個星期裡，麗婭度日如年。有些年輕人幸災樂禍：總經理的女兒，處處有優越感，最後受到懲罰了吧！

人們說爬得越高摔得越痛，艾科卡那個星期就是那樣。他有生第一次嘗到被人趕走是什麼滋味，還是在總裁的位置上。

一被福特公司解僱，艾科卡這個人就似乎在世界上已不存在。「野馬之父」一類的詞語頃刻之間銷聲匿跡。那些在他手下工作的人，他的同事和朋友們，都怕見到他。昨天，他是一個英雄；今天，他像是痲瘋病患者，人們不顧一切地躲著他。

每個人都清楚，亨利正準備掀起一個排除艾科卡支持者的大浪潮。不管是誰，如果不與他徹底斷絕關係，都有被解僱的危險。

艾科卡的父親經常對他說，一個人在他臨終時有五個真正的朋友，他就算是生得偉大了。艾科卡此刻體味到了這句話的含義。

艾科卡感嘆不已：你可以幾十年如一日與人為友；你可以與他同享歡樂，分擔憂愁；當他有難時你可以保護他。遺憾的是，當你自己時運不濟時，他卻溜之乎也，從此杳無音信。這就是人生！

艾科卡的自尊心極大地受到了傷害。雖然有時偶爾也會接到某個人的電話：「讓我們一起喝杯咖啡吧！我對於所發生的事簡直不可思議。」但是他在公司裡的大多數朋友遺棄了他。讓他深深地明白，職場中的友誼是不存在的，那裡只是一個平台，人們爭食的平台。在艾科卡一生中，這件事傷透了他的心。

艾科卡的被解僱在社會上引起了極大的關注。

美國哥倫比亞廣播公司著名電視評論員沃爾特‧克朗凱特在CBS晚間新聞節目中詳細報導了這件事，評論說：「這簡直像是在讀關於汽車行業的一部驚奇的小說。」

《汽車新聞》有篇社論，說得艾科卡裡美滋滋的。社論在提到他年薪一百萬美元的收入後指出：「從任何標準來看，他的每一個銅板都是受之無愧的。」社論沒有直接批評亨利，卻說：「本行業中最佳的球員，如今成了一個自由人。」

一些社論撰稿人和專欄作家甚至覺得這件事實在莫名其

妙，叫人難以相信。傑克‧埃根在《華盛頓郵報》的財經版上撰文說，這樣的事居然能發生，不禁使人「提出這樣一個問題：像福特汽車公司這樣偌大的一個企業，它的經營怎麼可能會同一塊世襲領地一樣由一個人說了算？」

　　一位專欄作家說：「此事想起來真有點毛骨悚然。福特公司在美國如此之大，它可以影響每一個人。看來，這家公司是在一個蠻橫無理的人控制之下的，此人不對任何人負責任，天馬行空，為所欲為。」

　　辛迪加專欄作家尼古拉斯‧馮‧霍夫曼則寫得更為淋漓盡致。他把亨利叫做「六十歲的更年期少年」。他的文章結尾說：「如果世界上像艾科卡這樣的人職業都沒有保障，還談得上你我之輩？」

解僱之後的傷痛

　　福特公司的汽車商一聽到艾科卡被解僱的消息後便群起而攻之。紐澤西州伯根費爾德的汽車商埃德‧馬拉尼尤感憤怒。他是擁有一千兩百名成員的福特公司汽車商聯盟主席。

　　馬拉尼其實早已估計到艾科卡遇到了麻煩。他曾給亨利和全體董事們寫信，替他說話。但亨利回信要他少管閒事。

　　有一次艾科卡路過亨利辦公室門口，聽到亨利在電話裡大聲嚷嚷：「艾科卡去找了馬拉尼這渾蛋，讓他寫了封信。」艾科

卡當然沒有這樣做。

在艾科卡被解僱以後，馬拉尼發起了呼籲他重新工作和要求任命一名汽車商為董事會董事的運動。馬拉尼計算了一下，汽車商們一共有將近一百億美元的投資，而艾科卡則是這筆投資的最好保護人。後來到了夏天，馬拉尼真的採取行動要組織擁有股票的汽車商進行抗議活動，但是這項計劃失敗了。

儘管馬拉尼為使艾科卡恢復工作所作的努力沒有成功，但看得出來，公司擔心由於艾科卡的離開而使汽車商隊伍產生動搖。他被解僱後的第二天，亨利向公司在全國各地的汽車商發了一封信，保證他們的權益不會被忽視。

亨利在信中說：「本公司有一支強大的、富有經驗的經營管理隊伍。領導北美汽車業務的高層都是一些你們熟識的、富有才幹的經理。他們深知你們以及零售市場的需要。」要是果真這樣，這封信也就沒有寫的必要了。

艾科卡收到過許多汽車商的來信和電話，表示對他的支持。他們的關懷和好意給了他力量。報紙上經常說他「苛求」、「固執」或「無情」，如果艾科卡真是這樣一個人的話，商人們也不會站在他一邊了。

艾科卡和汽車商們雖然有分歧，但他公平地對待他們。當亨利到處遊山玩水、花天酒地的時候，是艾科卡在保護著他們的權益。他還幫助過他們當中的許多人成為百萬富翁。

那時，亨利派比爾‧福特和董事會成員卡特‧伯吉斯處理艾科卡的賠償金問題。艾科卡提出他應得的數目，但始終得不到同意。卡特‧伯吉斯和福特的首席顧問亨利‧諾爾蒂口口聲聲說什麼「他們很想公平對待，但由於考慮到股東們的利益，不能在艾科卡的賠償金上開個先例」，等等。

為了反擊亨利的卑鄙，艾科卡請最優秀的律師愛德華‧威廉替他辯護。最後，艾科卡得到的是他應得數目的百分之七十五。

艾科卡也收到許多普通員工給他的支持信，這些信都是手寫的，然後郵遞過來的，以免被那個「皇帝」發現。還有一些職業介紹人給艾科卡來信或者來電話，熱心地幫他找工作。

所幸的是，正當他盛怒之時，剛好有個新工作在等著他，不然他也許會處於無盡的煩惱之中而不可自拔。

艾科卡被解僱以後，有一件很有意思的事，那就是他可以邀請埃斯蒂斯夫婦來家裡吃飯了。皮特‧埃斯蒂斯是通用汽車公司的總經理，他的家和艾科卡家只相隔兩三個門。多年來艾科卡和埃斯蒂斯雖然很熟悉，但從來不公開交往。

只要他在福特公司做事，他和埃斯蒂斯都保持一種默契，以遵守一種不成文的規定，那就是如果福特公司的人和通用公司的人在一起打乒乓球或高爾夫球，人們就會認為他們不是在聯合操縱價格，就是在陰謀推翻國家的自由企業制度。

通用公司的經理們尤其小心翼翼，因為這家公司常常面臨

被打破壟斷的危險。因此，這些在三大汽車公司裡掌握一定權力的人相互之間連個招呼都很少打。

這個改變使瑪麗也很高興，因為她很喜歡埃斯蒂斯的夫人康尼。現在她們不必偷偷地會面了。

艾科卡被解僱不久，一家底特律的報紙載文說：

根據福特的家庭發言人的說法，艾科卡之所以被解僱是因為他缺少「禮貌」、過分「激進」，並且說這個在賓夕法尼亞的艾倫敦出生的義大利移民之子與格羅斯角的時尚格格不入。

這是惡意中傷，但艾科卡並不奇怪。因為對於福特家族來說，他一直就是個外人。不要說他，就是福特的妻子克里斯蒂娜對福特家族來說也是個外人，這個家族裡的人都戲謔地稱她為「披薩皇后」。

如果了解亨利對義大利人的偏見，那麼他對於艾科卡的那些說法就是意料之中的了。過去幾年來他還認為艾科卡是黑手黨人。肯定《教父》這部電影足以使他相信所有的義大利人都與犯罪組織有關聯。

那些不透露真實姓名的文章在報上發表以後，艾科卡突然接到一個電話。要是亨利知道了電話的內容，那他真的會毛骨悚然了。

那位義大利口音的人打電話到艾科卡家說：「如果報上刊登的東西屬實的話，我們要對那個一無是處的渾蛋採取行動。他毀

了你一家的名聲。我告訴你一個電話號碼，只要你招呼一聲，我們就打斷他的四肢。這樣我們會覺得舒暢一些，你也一定會有同樣的感覺。」

「不，謝謝。」艾科卡說，「我不喜歡這種做法。如果你們真的這樣做了，我也不會因此而感到愉快。如果有一天我需要豁出來幹了，我會自己打斷他的腿的。」

在一九七五年對艾科卡進行審查期間，亨利始終懷疑他同黑手黨有聯繫，雖然艾科卡有生以來從未遇見過黑手黨。但是，這次亨利的預言似乎應驗了，因為給艾科卡打來電話的人，可能真的是能夠讓亨利嚇破膽的黑手黨人。

不是艾科卡願意忍受侮辱而不報復，亨利害過許多人，但是艾科卡不想把報復付諸暴力。

艾科卡驚魂不定地過了一段時間以後，開始思考和亨利之間的問題。從某種程度上來講，一個不管是公司的總經理還是給公司看大門的人，被解僱總是一個沉重的打擊，你會立即開始反省：我到底做錯了什麼？

艾科卡從未有過當福特公司董事長的幻想。這一點他早就想通了，只要他待在福特公司，他明白公司的那個位置永遠得由福特家族的成員擔任，這一點他能接受。直至一九七五年，艾科卡對他所處的位置一直是滿意的。

解僱艾科卡是因為他構成了對亨利的威脅。亨利由於幾次

在極不愉快的氣氛中解僱公司第二把手而聲名狼藉。在亨利看來，這是領主在鎮壓農民的叛逆。

其實只要回顧一下那些前任被解僱的歷史，艾科卡就該預料到自己的結局。查利常說：「這傢伙是個無賴，你要隨時準備好對付窘境。」

另外就是亨利的健康狀況不佳。亨利想，如果他一命嗚呼，艾科卡就會操縱福特家族並接管公司。亨利曾對《幸福》雜誌社記者說：「自從一九七六年得了心絞痛以後，我突然發現我不會長久於世。我想：『如果我死了，福特公司會成個什麼樣子呢？』我最後決定，不能讓艾科卡接替我的董事長職務。」

福特家族是美國僅有的幾個家族王朝之一。對任何一個王朝來說，第一個本能就是自衛。任何事情，無論好事、壞事或無關緊要的事，只要可能影響這個家族的利益就會在家族首腦的心目中成為大問題。

亨利從來不隱瞞讓他的兒子埃德塞爾繼任他職務的意願，而他認為艾科卡是障礙。艾科卡的一個朋友說得好：「你沒有受到第一個埃德塞爾·菲亞斯科的傷害，但逃不脫第二個。」

被解僱後艾科卡只見到過亨利一次。那是四年半以後，他和瑪麗受邀請參加《新聞週刊》為慶祝創刊五十週年舉行的晚會。這種晚會在全國好幾個城市都舉行了，底特律的慶祝晚會剛好在復興中心的舞廳裡舉行。

　　艾科卡和瑪麗跟底特律的首席新聞廣播員比爾‧邦茲坐在一起。瑪麗和比爾正在談話的時候，艾科卡看到亨利和他的妻子走了進來。

　　艾科卡下意識「唉」一聲，瑪麗也轉過身來。艾科卡最怕遇到這種場面。雖然他平日心平氣和，但他不知道要是喝了幾盅酒以後見到亨利會不會衝上去揍他一頓，艾科卡曾多次想到過這種情景。

　　他們的視線碰到了一起，艾科卡向他點了點頭。他知道這時候亨利會有三種可能的做法。

　　第一種是點點頭，打聲招呼，隨即消失在人群中，這樣做可以不失身分。第二種選擇是走過來說幾句話，也許互相握握手。這是一種體面的做法，似乎對亨利估計過高了一點。第三種做法可能是會扭頭就走。他果然這樣做了。亨利拉著他妻子，匆匆走了。這就是艾科卡最後一次和亨利的相遇。

　　一九七八年七月十三日以來，發生了許多事情。亨利給艾科卡，特別是給他的家庭留下許多傷痛，因為傷痛太深，所以難於癒合。

受聘克萊斯勒

　　求生之路，沒有什麼力量能夠阻止你向前衝刺。

　　　　　　　　　　　　　　　　　—— 艾科卡

五十多歲臨危受命

艾科卡被解僱的事一公開，其他行業的許多公司，包括國際紙業公司、洛克希德公司等都和他進行了接觸。包括紐約大學在內的三四家大學的商學院，都希望他去任教務長。

其中有的工作是很有吸引力的，然而他沒有去考慮。他大半生都在汽車行業工作，也只想待在這個行業。

五十四歲是個尷尬的年齡，退休還為時過早，換行另起爐灶又年齡太大。而且，汽車的一切已成為艾科卡血液的一部分。

也有一家汽車公司請過艾科卡。法國雷諾公司想聘他做全球汽車顧問。但艾科卡覺得自己不是做顧問的料。他習慣於做實事，喜歡有具體的職責，在行業的前端創新幹成是榮譽，失敗了甘願受懲罰。

艾科卡被解僱以後，外界一直傳他將要去克萊斯勒公司。他閒著沒有事，而克萊斯勒公司正逢艱難，所以人們把他們聯繫在一起是必然的。艾科卡的朋友、佛羅里達州前州長克勞德·柯克提議他和克萊斯勒公司的兩位董事迪爾沃思和沃倫在紐約共進午餐。

迪爾沃思管理克萊斯勒家族的財政，沃倫是華爾街一名律師，和克萊斯勒公司有三十五年的來往。艾科卡接受了邀請。

這只是一種非正式的相互認識的聚會，話題也較廣泛。迪

爾沃思和沃倫向艾科卡說明，他們的談話只代表個人，不代表公司。談話中他們對汽車業表示關切，特別是對克萊斯勒公司。但在很大程度上這次談話是試探性的，更多的是應酬而不是正式邀聘。

與此同時，艾科卡保持了同喬治·貝內特的聯繫。他發現喬治是自己在福特公司董事會裡唯一的真正朋友。喬治除了為福特公司服務以外，還是休萊特—帕卡德公司董事會成員。

富有才幹的比爾·休萊特是休萊特—帕卡德公司的創始人之一，又是克萊斯勒公司的董事會成員。他知道艾科卡是喬治的朋友，他們在討論艾科卡時，喬治把艾科卡在福特公司作出過的貢獻都如實地告訴了他。

過了幾天，艾科卡接到克萊斯勒公司董事長約翰·里卡多的電話。里卡多和迪爾沃思邀請他在離亨利的復興中心不遠的龐哈特雷恩飯店聚一次，討論艾科卡去克萊斯勒公司的可能性。

雙方對這次聚會盡量保守祕密。艾科卡開著車從飯店的邊門進去。此事甚至連克萊斯勒公司的總經理吉恩·卡菲羅都不知道。里卡多和卡菲羅之間的不和全世界都知道。

迪爾沃思和里卡多兩人在同艾科卡見面中都含糊其詞。「我們想改變一下局面。」里卡多說，「因為情況不妙。」

這就是他們要說的全部內容！他們想聘請艾科卡，但又不把話說明白。這樣含糊其詞不行，艾科卡就單刀直入：「我們今

天來這兒到底要談些什麼？」

「關於聘你的事，」里卡多說，「你對回到汽車行業工作有興趣嗎？」

艾科卡對里卡多說：「我不能糊里糊塗地去。我需要知道情況到底壞到何種程度，公司處於一種什麼樣的狀態，流動資金有多少，明年的執行計劃是什麼，計劃生產的產品如何，特別是你們自己是不是對完成計劃有信心。」

後來的兩次會議在底特律市郊的希爾頓飯店舉行。里卡多描繪了一幅淒涼的圖景，但艾科卡認為這種局面一年之內是可以改變過來的。

他發現，克萊斯勒公司最大的問題之一是，連公司的高級經理人員都不掌握公司的確切情況。他們只知道克萊斯勒公司在流血，但是他們並沒有意識到，而艾科卡很快就感覺到了，公司是在大出血。

那年秋天，克萊斯勒的邀請是一樁好事，但又是一場嚴峻的挑戰。

艾科卡同他們會面後回家和瑪麗談起此事。她激動地說：「除了汽車這一行，幹別的你都不會愉快的。而且你又不太年輕，不能每天待在家裡無所事事。一定要給混帳亨利一點顏色看看，讓他永遠忘不了。」

他還和兩個女兒議論此事，她們的態度是：「只要能給你帶

來愉快，你就幹吧！」

剩下的問題就是克萊斯勒公司是否雇得起艾科卡——不單是指經濟而言，艾科卡要的是自主權。到了這般年齡，他再也不想在別人手下幹活，他覺得第二把手已經當得太長了。如果要到克萊斯勒公司，他必須得在一兩年內當上第一把手！

這就是他去克萊斯勒公司的談判條件。這不僅僅是從亨利那裡得來的經驗，他需要完全不受干擾地扭轉公司的局面。艾科卡知道他的辦事方式和他們不一樣，除非他有全權把自己的一套經營管理方法付諸實踐，否則去克萊斯勒公司將給他帶來極大的挫折。

艾科卡原來以為，里卡多是想讓他擔任總經理兼首席業務官，他自己任董事長和首席行政官。當艾科卡把自己的想法告訴他時，他發現估計錯了。

里卡多說：「注意，我在這個位置上不會待許久。這裡只有一個頭兒。如果你來，這個頭兒將是你。否則，我們就不必費那麼多事進行這些會面了。」

最後，雙方達成協議，艾科卡先擔任總經理，一九八〇年一月一日開始任董事長兼首席行政官。結果，里卡多沒有等到商定的時間，提前幾個月辭職了，於是艾科卡在一九七九年九月成了克萊斯勒公司的老闆。

里卡多為挽救公司而犧牲自己這一點是十分清楚的。他知

道自己無力左右公司的局面。雖然艾科卡的就任意味著他那個時代的結束，他還是盡一切力量使接班工作順利進行。

艾科卡十一月份去克萊斯勒公司工作的消息一經公布，震動了福特公司。一般情況下，誰要是被解僱，就拿著養老金不聲不響地去佛羅里達州住，從此銷聲匿跡。而艾科卡連底特律都未出，亨利肯定不會好受。

被亨利解僱後，艾科卡本來可以從福特公司得到一百五十萬美元的離職金。但是按福特公司的合約規定，如果他在其他汽車公司找到了工作，福特公司就不能支付這筆錢。

「不要擔心，」里卡多對艾科卡說，「我們付給你。」

艾科卡在福特公司的基本年薪為三十六萬美元，加上不斷增加的分紅，每年總收入達到一百多萬美元。艾科卡知道克萊斯勒公司的境況根本付不起這個數目的薪酬，因此他對公司的委員會說，他只要拿在福特公司時的年薪就行了。

不幸的是，里卡多當時的薪水才三十四萬美元。這就有點難辦了，因為艾科卡是總經理，而里卡多是董事長啊！艾科卡賺錢比他多看來不合適。公司董事會決定馬上給里卡多增加兩萬美元年薪，把他們倆的工資拉平。

艾科卡對得到一份高薪從來感到很泰然。他並不揮霍，但是他很重視高薪，因為它代表了一個人的成就。

艾科卡在福特公司的時候，幾乎沒有注意到克萊斯勒公司

的存在。他們所注視的，除了通用公司還是通用公司，從來不把克萊斯勒放在眼裡。甚至在估價本公司和對手競爭成績優劣的業務月報表上，也從來沒有把克萊斯勒公司產品銷售情況列上。

但艾科卡清楚，克萊斯勒公司也有自己的優勢以及輝煌的過去。這裡的工程技術人員力量一直要比福特公司和通用汽車公司強。他以為這是因為克萊斯勒公司有個工程技術學院的緣故。艾科卡多次向亨利建議，福特公司也應建立一個工程技術學院，但亨利不同意。

在過去幾年裡，福特公司曾經挖走了克萊斯勒公司一些最棒的工程技術人員，他們當中有些人後來在福特公司進入了最高層。

汽車工業歷史上一個重要人物就是沃爾特·克萊斯勒。他是引擎、變速器、機件的革新者，並白手起家創建了克萊斯勒汽車公司。在他一九四〇年逝世的時候，克萊斯勒公司已超過了福特公司，僅次於通用汽車公司而名列第二，它占有百分之二十五的國內市場。

艾科卡接受克萊斯勒公司時的心願是希望再度實現那個目標：占有百分之二十五的國內市場並擊敗福特。

艾科卡知道，雖然克萊斯勒公司在一九七〇年代末經歷了一個艱難的時期，但它仍然保持了設計和工程技術革新上的優良傳統，使人可以信賴。

他早就了解到，公司一九三〇年代期間首先找到了汽車防震的辦法。公司的工程師還發明了高壓引擎、化油器和空氣過濾器。在汽車工業中克萊斯勒公司的引擎和傳動系統是最先進的。

克萊斯勒公司無疑有著值得自豪的過去，艾科卡也相信它會有一個自豪的未來。它有著一支穩固的汽車商隊伍，工程技術人員更是首屈一指。問題只是他們缺少生產名牌汽車的資源。

艾科卡對自己的能力也充滿信心，他不僅熟悉而且精通汽車行業。他從心底裡認為，在今後短短的一兩年內，克萊斯勒公司將會生機勃勃。

但是事與願違，外面的形勢讓這一切都成了泡影。他們先是遭到伊朗危機，接著又是能源危機。

在一九七八年，還沒有人想到第二年春天伊朗將會發生動亂，而汽油價格會成倍增長。接著，五十年來最嚴重的大蕭條來臨了。

這一切都發生在艾科卡和克萊斯勒公司簽約後的幾個月。他懷疑是不是命運之神在跟他開玩笑。艾科卡後來認為，也許福特公司開除他，就是對他的某種警告。那時他的離職正是時候，一切還沒有崩潰，但現在說什麼都無濟於事了。

當艾科卡為克萊斯勒這份新工作簽約時，他想像不出汽車業的景況會如此糟糕，而且克萊斯勒公司的困難要比艾科卡意料的多得多。他本該急流勇退，卻不適時宜地出山了。艾科卡不是

輕易認輸的人，他一直是這樣：確定了自己的目標，絕不輕易放棄！

當然，這種做法未必是最好的。現在回想起來，艾科卡不得不承認，在克萊斯勒公司，他有好幾次就像站在懸崖的邊緣。

登上將沉的大船

一九七八年十一月二日，《底特律自由報》上有兩條醒目大標題：《克萊斯勒公司出現歷史上最大虧損》和《李‧艾科卡加入克萊斯勒公司》。

多麼驚人的巧合啊！就在艾科卡來到克萊斯勒公司那天，公司宣布連續三季的虧損達一點六億美元。這是公司有史以來最嚴重的虧損。

然而艾科卡想：「從現在開始，事情一定會變得好起來的。」雖然出現巨額虧損，但公司的股票在那一天收盤時竟然還上漲了幾毛錢，這可能是對艾科卡接管克萊斯勒公司所投的信任票。

上任第一天，幾件看起來無關緊要的事，引起了艾科卡的注意。一件是公司總經理卡菲羅辦公的地方像個通道似的，艾科卡驚訝地看到，不時有些經理手裡端著咖啡杯推開總經理辦公室的門穿進穿出。另一件事是里卡多的祕書花好長時間用她的專線電話聊私事！

艾科卡很快意識到克萊斯勒公司的無政府狀態和鬆散的工

作狀態，這個公司需要立即整頓秩序和紀律。

他還發現克萊斯勒公司的三十五個副總經理各自為政；沒有真正的委員會機構，沒有統一的計劃，也不按一定的制度召集會議交換看法。艾科卡簡直不敢相信，工程技術人員可以不與製造部門保持經常性的接觸。

里卡多和管理公司財務的比爾·麥加格把許多時間花費在跑貸款的銀行上，而不是設法整頓這個渙散的組織和制訂長遠計劃。因為還不起銀行的貸款，他們不斷地從這家銀行跑到那家銀行去求情。也就是說，他們經常處理的是日常危機，忙於事務性的工作，只考慮下個月該幹些什麼而不是明年應該怎麼辦。

慢慢地艾科卡發現克萊斯勒公司缺少一套控制財務的完整制度。更為糟糕的是，當需要制訂計劃時，全公司卻沒有一個人真正掌握公司目前的財務情況，甚至連你問的是什麼問題都搞不清楚！

艾科卡經常想：公司辦成這樣，那麼董事會幹什麼去了呢？

對此，當他參加一次董事會會議之後，就全明白了。克萊斯勒公司的董事們消息比福特公司的更閉塞，這麼說一點也不過分。這裡既不放幻燈片簡報，也沒有財務檢查制度。只是里卡多念一遍寫在一個舊信封背面的幾句話算是一種通報。這根本不是經營全國第十大公司的辦法！

所有的副總經理都不稱職。誰要是在某個方面幹得出色，

湯森他們就任意晉升誰的職務。他們以為,一個人只要某個方面有能力,就什麼都可以幹得好。經過幾年的調來調去,公司裡的人都不能發揮自己的專長。

用人不當是公司存在的首要問題。在北美負責零件服務的一個人被調回來當副總經理主管財務,連他本人也很不滿意。艾科卡不得不請他回去時,他倒如釋重負。一位過去一直負責歐洲業務的人被調到這裡擔任負責採購的副總經理,可他從未幹過採購工作。

艾科卡為這些人遺憾,因為他們要是在合適的位置上也許可以幹一番事業。

艾科卡不得已將原來的三十五名副總經理解僱了三十三名,開始時每個月至少有一位副總經理走人。

有幾次,艾科卡也曾設法讓其中一些副總經理留任。艾科卡把保爾‧伯格莫澤請到公司來後,曾對他說:「盡量設法讓這些人留任。」

伯格莫澤和這些經理們一起工作六個月後說:「這是不可能的。這些人已經習慣於克萊斯勒公司的一套經營管理辦法和工作形態,他們永遠適應不了新環境。」

克萊斯勒公司管理不善和工人的士氣低落都表現在資產負債表上。這就是其他汽車公司都幹得很出色,而偏偏它做得很糟糕的原因所在。

　　艾科卡感覺，克萊斯勒公司就像一艘即將沉沒的大船，每個人都不關心這條船是否能修補好，而是驚慌失措地想著逃跑或是幹一天算一天。人浮躁、散漫無序、雜亂無章，這些詞形容克萊斯勒公司當時的狀況，是再恰當不過的了。

　　一九七八年，通用汽車公司和福特汽車公司宣布銷售額和利潤都創了紀錄，通用公司售出汽車達五百四十萬輛，福特公司達兩百六十萬輛。而克萊斯勒公司這年售出汽車不到一百二十萬輛，遠遠落在後面。而且，克萊斯勒在國內市場小轎車銷售量僅在一年內就從百分之十二點二下降到百分之十一點一，卡車市場銷售量從百分之十二點九下降至百分之十一點八。

　　影響銷售額的另一個問題是，人們已把克萊斯勒公司看成是生產老年人用車的公司。調查還表明，買克萊斯勒汽車的客戶更多的是藍領工人、上了年紀的人和文化程度低的人，他們較多地集中在東北部和中西部的工業區，這些地區的人不買競爭性強的汽車。

　　調查證實了艾科卡的看法：人們感到克萊斯勒的產品缺少生氣，已有些令人厭倦。克萊斯勒的汽車迫切需要有所創新。在汽車這個行業裡，如果停滯不前，很快就有被淘汰的危險。

　　在克萊斯勒公司，由製造部定期通知經銷部他們將生產什麼車型和多少數量的車子。至於車子是否賣得出去，那是經銷部的事了。在艾科卡看來，這簡直是本末倒置。

　　大部分庫存車停放在底特律地區的大片空地上。有一件事叫艾科卡永遠難忘，即有一天去參觀密西根州露天廣場，他發現那裡停滿了幾千輛沒有賣出去的「克萊斯勒」、「道奇」、「普里茅斯」等型號的汽車。

　　這是公司市場了解薄弱的有力證明。這個地方到底有多大銷售容量他搞不清楚，但汽車的數量肯定遠遠超過預期的銷售量。更糟的是，這些汽車被停放在露天，任風吹雨淋，日趨損壞。而且滯銷的汽車停放在露天廣場，眾目睽睽之下，無疑是做著反面宣傳。

　　庫存的汽車總得處理吧，因此每個月的月底，各區負責管理存貨的人就舉行一次拍賣會來清倉。

　　就像巴夫洛夫試驗的狗一樣，汽車商於是越來越依賴這種拍賣會了。他們知道這一天總要到來的，他們耐心地等著。只要鈴聲一響，他們的心跳就會加快，因為他們馬上就可以用低價買進車子了。

　　艾科卡心裡明白，除非克萊斯勒公司徹底擺脫這種拍賣制度，否則永遠賺不了錢。當然也很清楚，要做到這點並非容易。公司裡許多人對此已成習慣了，而且成為專業戶，以此為生，甚至有點上癮了。

　　當他下決心要掃除這一惡習時，他們以為艾科卡是痴人說夢。克萊斯勒公司的倉庫如此之大，已成了公司業務不可分割的

一部分。人們難以設想，一旦廢除了降價拍賣銷售，公司會如何生存。

艾科卡很強硬地和汽車商談這件事。他向他們解釋，汽車倉庫這種制度正在毀滅克萊斯勒公司。他告訴他們，在公司的業務中將不容許有汽車倉庫的存在，它將從公司的詞彙中被剔除出去。

艾科卡告訴他們，從今以後，不是公司，而是經銷商將承擔庫存的責任。他明確地指出，除非收到汽車商的訂單，否則不生產任何汽車；只有公司和汽車商雙方都以正當的、不投機取巧的方法行事，彼此才能都得到好處。

不過光這樣說仍不足以解決和改進今後的程式性問題。眼前迫切需要解決的是現有的庫存問題，就像艾科卡對汽車商們所解釋的：「你們是我們唯一的客戶。無論如何你們得買些車回去，而且就在現在。先不去考慮這種局面是怎樣造成的，你們只要有選擇性地訂一點也許會在客戶那裡受歡迎的車子，其他的先別管。」

當然不能指望一夜奏效，但是汽車商們最後還是和公司一起承擔了經濟蕭條的影響，共同清了倉。其間不知遇到了多少困難。汽車商的存貨量已經夠大的了，再加上當時利率仍然很高，因此步履維艱。然而汽車商們還是做了他們有必要做的事情。兩年以後，克萊斯勒終於可以靠市場的訂單來進行生產了。

　　有了新制度，公司主管經銷的代表可以和汽車商們坐下來
商量，共同討論下個月汽車商的訂購計劃以及對未來兩個月需求
情況的估計了。一經從汽車商那裡得到肯定的訂單，公司的生產
進度表上就可以安排了，這就保證了可以按市場需要及時把品質
好的汽車送出去。

　　經過一段時間的運行後，這種體制已經十分完善。他們可
以通知某個汽車商，如果他想參加一項減價計劃，他得先買一百
輛車。他可以參加也可以不參加這項活動，但一百輛車是實實在
在的，而且告訴他月底沒有拍賣的了。後來，除非一個顧客指定
要買汽車商庫存的車，否則都得先填訂購單，公司根據訂單生
產，他在幾個星期後方能提取車。

　　處理庫存車已經是夠頭疼的事了，還有一件事讓艾科卡也
非常頭痛。他發現克萊斯勒公司居然是世界上最大的租賃公司！
這個公司向赫茨和阿維斯兩家汽車出租公司提供的小汽車不是賣
而是租給他們的。

　　每過半年，他們又毫無異議將這些車買回來，然後成了二
手車商。而汽車商可不要這些舊車，所以他們不得不廉價拍賣。
艾科卡到克萊斯勒的第一年，就核銷了八千八百萬美元的舊車損
失費。

　　艾科卡想了這樣一個辦法：把現有六萬輛舊車賣給出租公
司，沒什麼利潤也幹，把包袱扔給他們，讓他們去處理。

出租公司將汽車價格壓得特別低，尤其對克萊斯勒這樣的公司，但克萊斯勒最迫切的需要是將公司的車留在車隊裡，因為那樣還有一個好處。出租公司平均一輛車在一週內租給兩三人，也就是說在一個星期裡有機會讓一輛車給兩三人開，而他們中的人也許從來沒有開過克萊斯勒公司生產的車。

他們一坐進車子就會問：「這是哪家生產的車？」許多租車顧客來信說：「你們為什麼不推廣這種車？怎麼這種車汽車商那裡看不到？我租了一輛從西雅圖開到舊金山，感覺相當不錯。」

出租汽車提高了克萊斯勒的知名度，吸引了年輕的、較富裕的、專業人員以及上層社會的買主。過去，這些人根本不考慮克萊斯勒公司的車。

積重難返，可是時間又那麼少。艾科卡覺得當務之急是要讓公司有足夠的凝聚力，讓大家重新振作起來。

在擺脫了那些連自己在做什麼都不明白的副總經理後，他開始尋找那些有經驗的、又能快速行動起來的人，組織起一支戰術高超、能夠與他密切配合的隊伍，爭取在克萊斯勒公司徹底垮台以前重振雄風。

新組建管理團隊

艾科卡非常明白，當前他關鍵要做的是什麼。辦企業要的是人、產品和利潤。人是最重要的。如果沒有一支好隊伍，就談

不上產品和利潤。

艾科卡到克萊斯勒公司時，隨身帶來在福特公司時的筆記本，本上記載著福特公司幾百名經理的種種業績。

當艾科卡了解到克萊斯勒公司十分缺少優秀財務管理人員後，馬上查閱了這些筆記本。幾個月以前當他還是福特公司總經理的時候，他曾要求被稱為神童的高級財務官員愛德華·倫迪匯報公司有哪些優秀的財務管理人才。

他打開筆記本，開始往下念名字。倫迪把名字用 ABC 排列成優劣等級。A 表上列出的是一些第一流的財務管理人員，但他需要的不僅於此。

艾科卡注意到 B 表上傑拉爾德·格林沃爾德的名字。他年齡四十四歲，但已經成功處理過很多大問題，艾科卡很欣賞他。

他曾任職於福特公司在委內瑞拉的分公司。由於他精明強幹，這家分公司在當地占有的小轎車和卡車市場比福特公司的任何分公司都要大。

一九七八年十二月，艾科卡打長途電話到委內瑞拉找格林沃爾德，恰好他們夫婦去參加一個晚會不在家，艾科卡只好留話請他回電。

格林沃爾德回來後馬上猜出了幾分。妻子對他說：「不要回他電話！」夫婦倆現在生活得很自在，格林沃爾德正在那裡大顯身手，去底特律給一家瀕臨破產的公司服務不會有多大吸引力。

可是格林沃爾德還是回電話了，他們商定在邁阿密會面。他當時臉上留著大鬍子，自己也不清楚是不是想到克萊斯勒公司來。

格林沃爾德道出了他的憂慮。他說：「多年來我在福特公司一直在努力跳出財務管理這個圈子，到克萊斯勒公司又會回到這個圈子裡去。」

艾科卡對他說，準備讓他建立一個財務控制機構，當這個機構建成後，他可以調換其他工作。在他離開艾科卡的房間正要下樓梯的時候，艾科卡又把他叫住了。

艾科卡對他說：「格林沃爾德，請耐心等待。你會比你想像的更早一些當上總經理的。」格林沃爾德用懷疑的目光看了艾科卡一眼，好像艾科卡是騙他似的。然而艾科卡是認真的。果然，在不到兩年時間內，格林沃爾德成了克萊斯勒公司第二號人物。

格林沃爾德後來又把斯蒂夫·米勒拉了進來。米勒曾經是他在委內瑞拉時期的主要財經管理人員。作為一位主要財務官，米勒對克萊斯勒公司作出了卓越的貢獻。

一九八〇年至一九八一年期間在同幾百家銀行舉行的無數次談判中，米勒起了十分關鍵的作用。無論他還是格林沃爾德，在公司的困難時期都表現出驚人的安寧與冷靜。如果沒有他們，克萊斯勒公司也許維持不到今天。

每當艾科卡網羅一個新人到他的團隊裡，他都感到一陣良

心上的不安。為了能夠把他們招來，他不得不說謊話。

　　如果說實話的話，他應該對他們說：「不要到這裡來，你想像不出這裡的情況會有多糟糕！」但是他不能說實話。他只能把他自己夢寐以求的希望告訴他們：如果有了合適的人，我們可以挽救公司。

　　但是斯普里奇就沒有這個問題。他比艾科卡早兩年到克萊斯勒，對於這裡的情況他知道得比艾科卡更清楚。艾科卡曾不止一次地埋怨他：「你當初為什麼不把這裡的真實情況告訴我，你為什麼讓我來？」

　　但是艾科卡原諒了斯普里奇，他在克萊斯勒的經歷對艾科卡招收人才提供了很大幫助，因為他熟悉公司的情況。他像是艾科卡的先遣隊員一樣。里卡多只向艾科卡介紹了公司的負債情況，而斯普里奇卻了解公司的全盤。

　　因此，斯普里奇挖掘出許多被以前的經理部淘汰了的頗有能力的人。他們當中有的處在很低的底層，要發掘出來還得費一番功夫。他發現了一批被埋沒的很有前途的年輕人。這些年輕人有才華，有熱情，只是因為沒遇到伯樂。

　　好在克萊斯勒公司的「癌症」還沒有擴散到全身。雖然艾科卡不得已撤換了幾乎所有的官員，但同時發現了許多富有才幹的年輕人。排除了那些平庸之輩，因此發現較優秀的人才就比較容易了，以前的經理部真的就沒有注意到他們！

　　艾科卡很快就把斯普里奇提升到副總經理，負責產品計劃部。不久，又提升他任北美業務負責人。艾科卡看出，斯普里奇掌握了一套一九六〇年代和七〇年代曾在福特公司行之有效的經驗，現在在克萊斯勒公司又證明也是可行的。

　　格林沃爾德和斯普里奇從一開始就發揮了很大作用，但是畢竟兩個人組不成一個管理隊伍。他還急需幫助。他知道從哪裡得到這種幫助。福特公司的一批退休的經理既有經驗又有能力，但完全沒有得到發揮。他要利用他們的聰明才智和應變能力來重整河山。

　　加爾·勞克斯在福特公司既幹過銷售，也做過推銷工作。公司推出「野馬」汽車的時候，他曾擔任福特部銷售經理，後來又擔任林肯—默庫里部的總經理。

　　使艾科卡感興趣的不光是加爾豐富的閱歷，還有他的品格。大家都很信任他，願意和他喝兩杯，說說知心話。艾科卡清楚，他就是幫助克萊斯勒公司與汽車商建立良好關係的最適當人選。

　　為了改進品質，艾科卡把已經退職的漢斯·馬賽厄斯請來擔任顧問。漢斯曾是福特部的主要工程師，後來又負責過整個福特公司的汽車製造。他的專長是品質控制。

　　直至他一九七二年退職為止，在改進福特公司汽車品質方面他做的工作比誰都多。

漢斯曾經使福特公司在品質上大大提高。當艾科卡請他來幫忙時，他就有點迫不及待了。他用了一年半時間整頓了克萊斯勒公司製造系統的紀律。而且，他是以一個顧問的身分完成這些工作的。

他每天早上去工廠巡視。他會突然從生產線上撤下五個人來，搞來一輛新的豐田汽車，要求大家進行比較。過一會兒，領班的那一位就會說：「呃，我們的車真差勁！」

喬治·巴茨比艾科卡先到克萊斯勒公司。他在改進克萊斯勒公司汽車品質方面做了大量工作。艾科卡為喬治專門設立了一個監督品質的部門，他是艾科卡的監督員和解決處理所有品質問題的高級經理。

還有迪克·多奇，他來克萊斯勒公司以前在通用汽車公司和福特公司工作過。他從以前工作過的兩個公司帶來十五位精通品質問題的人才。這一點常常被那些對克萊斯勒公司起死回生感到迷惑不解的人所忽略。

艾科卡從福特公司帶來許多銷售、財政和採購方面的人才，但是在造車品質方面，他需要從通用汽車公司和福特公司獲得人才。所以他既有新人又有老人，既有主管又有工作人員，還有退了休的，他們都擰成一股繩。就是靠了這個無可匹敵的大熔爐使他們的產品品質得到了迅速提高。

艾科卡還請了福特公司已經退職的保爾·伯格莫塞來公司。

伯格莫塞在福特公司當了三十年副總經理負責採購工作。別人都認為辦不到的事情，他有多種辦法來完成。

伯格莫塞到克萊斯勒公司後，他所看到的情況令他驚訝。他常到艾科卡這裡來說：「我正在替你挖掘，但是翻開的大石塊下面藏著的東西將會使你難以相信。」他們談著，有時大笑起來，克萊斯勒公司過去實在毫無章法，這些都隨著工作的深入而不斷地被挖掘出來。

克萊斯勒的採購部門因低效率而聞名，而做這份工作伯格莫塞是最好不過的了。

艾科卡了解被他請來的這些人，包括那些退了職又回來工作的人，他們都是敢於迎接挑戰的人，也是願意助人一臂之力的人。這些人具備一種十分重要的素質，那就是內在的意志力。

艾科卡說：「我感激他們每一個人，我將永遠銘記在心。」

要建立一支完整的新隊伍，艾科卡還必須物色一些搞經銷的人才。經銷是他的專長，他發現克萊斯勒的銷售工作不引人注目。他以一種不尋常的辦法解決了這個問題。

一九七九年三月一日，艾科卡在紐約的一個新聞記者招待會上宣布了一項重要決定，決定由設在紐約的曾經為福特公司林肯一默庫里部起過非常有效作用的克尼恩一埃克哈特廣告公司取代當時負責克萊斯勒廣告的揚一魯比肯廣告公司和 BBDO 廣告公司。

　　就是在麥迪遜大街的人們看來，解僱這兩家廣告公司人員也是一種殘酷無情的做法，在廣告史上也是第一次發生。這等於告訴企業界，我們敢於採取一些對克萊斯勒公司的轉變至關重要的大膽步驟。

　　當時，克尼恩—埃克哈特公司承擔福特公司林肯—默庫里部一個七千五百萬美元廣告業務。為了跟克萊斯勒公司合作，它不得不立即放棄這筆生意。艾科卡相信，亨利絕不會願意聽到這個消息的，這對他將是一個很大的震動。

　　被替換的兩家廣告公司其實是相當不錯的。但艾科卡的事情太多，早已下決心要簡化一些。他賠不起時間同兩家完全生疏的廣告公司打交道，他沒有時間把他的思想或者經營方式一一教給他們。因此他用所熟悉的人員來代替，他們對我很了解，我也對他們了解。只要艾科卡說出上句話，他們就知道他下句話要說什麼了。

　　在艾科卡看來，克尼恩—埃克哈特是最棒的一家廣告公司了。他們曾有「福特有個好主意」這樣的傑作，豹的標記就是他們搞的，「豹牌」系列汽車是林肯—默庫里部十分關鍵的一部分。在該公司的協助下，林肯—默庫里部一九七〇年的汽車市場擴大了一倍。艾科卡發現這家公司能夠頂住壓力，戰勝危機。

　　後來他們成了艾科卡銷售和聯絡的左右手。

　　艾科卡已有了一個完整的球隊，他們可以上場了。遺憾的

是賽球的季節過去了一半，他們遠遠墊底了。即使這樣，艾科卡還是堅定地認為他們重上賽場只不過是時間問題。

　　他沒有認識到在他們成為可以與老練的紐約「洋基」棒球隊匹敵以前，他們還得在很長一段時間內充當以往老吃敗仗的芝加哥「小熊」棒球隊！

遭遇到經濟危機

　　團隊調整後，艾科卡對克萊斯勒公司的復興充滿著信心，認為這只是個時間問題。但他沒想到經濟蕭條會持續那麼長時間，也沒想到這會給克萊斯勒帶來那麼沉重的打擊。

　　隨著銷售量的急遽下滑和各公司紛紛讓利銷售，艾科卡開始意識到，克萊斯勒公司的經濟要恢復過來得要幾年時間。

　　在福特公司工作期間，美滿的家庭生活常使艾科卡引以為自豪。無論工作上遇到多大麻煩，家庭可以使他忘掉一切。現在，他的心緒難以平靜下來，常常在半夜裡驚醒。他夜以繼日地工作著，有時甚至懷疑自己能否保持心智健全，因為一個人衝刺時間太長了會喘不過氣來。

　　雖然艾科卡有一個能夠理解他的妻子，然而伴隨著艾科卡在汽車業度過二十五個春秋後，她也開始擔憂了。

　　現在克萊斯勒問題之嚴重使公司的不穩定局面廣為人知。艾科卡意識到，對於傳說公司很快就要倒閉的惡毒謠言必須設法

制止。一個人花八千美元或一萬美元買一輛新車，他當然要考慮這家公司能不能繼續營業，在一兩年內能否提供部件和其他維修服務。如果他總是聽說克萊斯勒公司可能要破產的消息，那麼他就不會匆匆忙忙來買這個公司的車了。

克萊斯勒公司很快成了大家說笑話的目標。全國的漫畫家們都利用克萊斯勒這一題材大肆渲染。而這些都是次要的，更嚴重的是大批的加油站關門歇業，這對於汽車業來講才是最大的災難。

實際上，雖然沒有預料到石油危機，但艾科卡他們不是沒有採取應變措施。他們在一九七九年設計一九八三年的汽車型號時曾合理地設想，到一九八三年汽車生產出來時，汽油價格將達到二點五美元一加侖。

但到了一九八三年又有人大喊：「這是傻瓜幹的！ 汽油現在又便宜了，應該給我們大型汽車！」

艾科卡說：「如果有人告訴我，一九七九年汽油價格會增長一倍，而四年以後儘管物價漲了，汽油還保持這個價格不變，那我一定說他是個瘋子。對伊朗危機和危機所產生的影響都能未卜先知，這是不可能的。」

那些時候，在加利福尼亞和華盛頓，人們為買汽油排成長長的隊伍，在紐約的一些加油站還發生了騷亂。人們驚恐不安，盡量想法子把油箱裝得滿滿的。有的人甚至在行李箱裡再安上一

個五加侖的油桶，或者放進一個五十加侖的油箱，以防萬一。

美國國會開始討論汽油定量供應問題。雜誌上刊登著底特律市如何陷於窘境的封面文章。可以肯定的是，怕買不到汽油也好，怕汽油漲價也好，不管是 Ｖ － ８ 引擎汽車、輕型貨車、大卡車還是家庭用車市場都大幅下滑。

這場大變動雖然傷害很大，但艾科卡上任後，克萊斯勒公司的人相信他們能夠適應這種新的形勢。其實也不是沒有辦法，艾科卡認為，只要能夠在今後五年內對新工廠的投資增加一倍，大量生產那些適合市場的新車，並薄利多銷，他們就有希望生存下去。

正當他們要開始採取重要步驟的時候，國家又陷入了經濟衰退！ 一波未平，一波又起，這讓艾科卡有些招抵不上。全國的年汽車銷售率下降到只有過去的一半。投資需要加倍而收入只有往年一半的行業無論如何難以生存下去。

艾科卡已經沒有賭注可下。這種情況前所未有，又無規律可循，這才叫前途未卜。而自從他一九四六年開始從事汽車行業至一九七九年三月，艾科卡還從來沒有對成功地辦好一家企業產生過任何懷疑。

艾科卡這時覺得自己要做一名像表兄那樣的戰場上的軍醫了。他的表兄在第二次世界大戰期間是戰地醫院的醫生。他回國後跟艾科卡講過許多「分類」醜聞。他常常說，這裡有個主次先

後的問題。

如果醫生接到四十名重傷士兵，他們就必須迅速考慮：「一共只有三個小時，我們能夠搶救幾個？」他們只好選擇救活的可能性最大的幾名，其餘的只好聽天由命。

現在克萊斯勒公司也是同樣的情況。艾科卡想，必須動外科手術，搶救可以搶救的部分。情況好的時候安心地對虧損或微利的工廠進行各種研究和診斷，但現在沒有時間了。

同時，艾科卡還得考慮，一旦危機過去，還得保留足夠的部門迎接復甦的到來。這似乎挺簡單，但說時容易做時難。這需要勇氣，同時也需要有足夠準的判斷力。

克萊斯勒開始關閉一些工廠，其中包括密執安里昂的一個修配廠和一些很有歷史的老廠。關閉這些工廠時引起了許多團體的強烈抗議，但是他們實在沒有辦法。

同時，他們還得保證那些供應商能繼續提供原料、部件，儘管他們支付這筆錢有困難。他們首先要使他們相信克萊斯勒公司不會倒閉。但供貨商是騙不了的，他們對克萊斯勒公司的情況很了解。他們被邀請來參觀公司今後的新產品，讓他們明白克萊斯勒公司會生存下去，並且需要他們的支持。

為了省錢，他們建立了一種制度，就是零部件到要用的時候再運來。這個辦法稱作「準時運貨法」，是一種節省開支的好辦法。

　　另外改變的是加快機器部件和其他物資運抵有關工廠的速度。例如，從印第安納的科科莫用火車運傳動軸到伊利諾州的貝爾維德，再用卡車運到工廠，只需要一天工夫，從而大大縮短了整個流程的週期。

　　幾個月後，他們的「準時運貨法」十分有效，如果底特律的引擎工廠罷工，他們在溫澤的工廠四個小時以後就能把引擎生產出來！

　　他們盡可能地節省開支。在設計 K 型汽車的時候，為了讓運輸時車皮裡能夠容納下更多的汽車，他們精心地把它的長度設計得不超過四點五公尺。在一般情況下，這類事沒有人注意，然而現在是陷入危機的時候，他們要想盡一切辦法，能省就省。

　　到了該提交一九七九年度總結報告的時候，他們決定取消公司按傳統習慣向其股東發送彩色畫冊的做法，而給了他們一本用白色再生紙印的簡單而又明了的文件。這不僅節省了不少錢，而且帶給股東們一個訊息：公司困難，盡量節儉。

　　光是省錢還不行，必須弄到一筆現金應付日常開支。因為缺錢，他們把全部的汽車商不動產賣給了堪薩斯州一家公司，其中包括在市區的兩百處。在過去，正是這些不動產保證了克萊斯勒公司的汽車商能夠分布在全國具有策略意義的重要地區。

　　為了在必要的地點再保留一些汽車商，後來他們不得不把賣出去的財產又買回來一半，其價格卻是拍賣時的兩倍了。賣掉

汽車商不動產看來是個大錯。但另一方面，他們又急需現金。在當時，那九千萬美元在艾科卡眼裡就像是十億美元。

　　約翰·里卡多在退職以前設法使公司避免了幾次更為嚴重的錯誤。他同日本三菱汽車公司達成一筆交易，把在澳大利亞的幾家分公司賣給了三菱公司。

　　他還把在委內瑞拉的業務賣給了通用汽車公司，把在巴西和阿根廷的分公司賣給了福特公司；還同標緻公司做了一筆交易，把歐洲的分公司賣給它。經過這些變動以後，克萊斯勒公司只留下美國、加拿大和墨西哥三處業務部門了。

　　過了一段時間，他們又不得不把生產坦克的工廠以三點四八億美元賣給通用動力公司。作這個決定很棘手，因為國防部加入了這個分公司，每年五千萬美元的利潤實際上得到美國政府的保證。

　　即使如此，他們必須把它和急需籌集資金渡過難關進行權衡。最後，艾科卡也只能是無可奈何地忍痛割愛。因為他們急需錢付給材料供應商一筆預備金，以便使他們同意延期付款，他們只能集中力量於小汽車和卡車生產上。

　　當時利率很高，如果他們不是為了生存而急需現金把通用動力公司付給的三點四八億美元投放資金市場的話，一年就可賺五千萬美元。而五千萬美元幾乎相當於坦克工廠一年的利潤。就在那個時候艾科卡產生了買銀行的念頭。用錢來賺錢比製造小汽

車、卡車或坦克賺錢容易得多！

　　為了保證克萊斯勒公司繼續生存而採取的所有措施都困難重重，但最困難的是裁減人員。一九七九年和一九八〇年他們不得不解僱了幾千名工人，有藍領工人，也有白領工人。一九八〇年四月他們又削減了七百名白領工人。這樣一年可節省兩億美元的開支。

　　更早幾個月，他們還解僱了八千五百名領薪水的工人。

　　這兩次裁員可以使他們一年節省五億美元的支出。裁員在整個公司裡廣泛進行，包括主管和印第安人在內。

　　解僱人是一種悲劇，誰也偽裝不了。裁年齡大的人多數由艾科卡親自處理，這是不能推託的事，還要把實情告訴他們。艾科卡自己也被人解僱過，因此他懂得哪些事不該做，哪些話不該說。他設法向他們解釋，並且給他們盡可能優惠的養老金。有些情況下還盡量把規定放鬆一點。

　　被解僱當然不是愉快的事，因此對被解僱者要懷有同情心。要設身處地替他著想，而且應該承認，不管你作什麼安排，對於他來說也是一生中倒楣的日子。如果他認為不是他的過錯所致，自己成了經營管理不善的犧牲品，或者他覺得公司高層從來沒有真正關心過他的話，他在這種時候的情緒尤其不好。

　　因為必須迅速採取行動，在這個過程中肯定會有人受到不公正的指責。艾科卡承認負有責任，但這是一種緊急措施，他只

能盡最大的努力去做。

　　大多數被解僱的人後來都慢慢找到了工作，有的還從事汽車這一行，有的做供應材料，有的當教師或做諮詢員。艾科卡不忍讓他們離開。作為一個整體，他們比他在福特公司熟識的同事還要友好和親切，但是最後還是不得不讓他們走。

　　看著他們一個個被攆走，艾科卡震動很大。這使艾科卡反覆考慮社會責任問題，這是他在福特公司時從未認識到的。在福特公司，艾科卡和其他高級經理一樣從不關心這類事，而且也從沒有發生過這種危機。

　　逼得他解僱許多工人這種事過去從未碰到過。並不是他突然良心發現，而是感到有必要說：「是不是所有依靠我謀生的人都覺得我做得對，我沒有把握。」

　　由於克萊斯勒公司經濟很困難，大多數參謀人員也被辭退了。艾科卡從來都在幹第一線工作，所以削減參謀團隊人員感到不那麼困難。他的想法很簡單：需要有人造汽車和賣汽車。但是如果造了一輛車而有人指手畫腳地說這輛車還可以造得更好一些，這樣的人他們供養不起。即使他說得對，他們也來不及考慮了。

　　隨著那些參與決策的參謀人員的被解僱，他們減少了管理的層次。起初這樣做純粹出於生存的需要，但後來艾科卡發現，用較少的人來辦一家大公司實際上更省勁一些。

事到如今他們認識到，克萊斯勒公司人員多，機構龐大對快速地適應市場變化極為不利。這也算是他們在這次行動中額外的收穫了。

無奈向政府求援

早在危機開始時艾科卡就很清楚，只有採取緊急措施才能挽救克萊斯勒公司。雖然他們採取了包括盡一切可能節省開支等措施，但是公司的經濟狀況越來越壞，虧損越來越大。他們已沒有能力自救，如果要想生存下去就得求援。

艾科卡認為只有一個辦法能擺脫困境，那就是向政府求援。

「有什麼法子呢？」艾科卡回答說，「這是唯一的出路。」

他們能嘗試的別的辦法都試過了。一九七九年至一九八〇年期間，曾經舉行過幾百次投資者會議。但是大多數投資者到頭來都是說空話的、騙人的，或者心有餘而力不足。凡是有可能給予他們幫助的人艾科卡都找過，但是都沒有希望。

還有就是去找那些聲稱能夠代表富有的阿拉伯人的中間人。艾科卡知道有許多阿拉伯人是很富有的，他們甚至不斷查找一百五十多位阿拉伯有權勢地位的人物各種線索。

艾科卡常問財政部：「從哪裡還能找到富有的阿拉伯人？」他會晤過十多位同阿拉伯人有些關係看上去似乎有點希望的人，但多數被證明是騙子。他們都說自己可以接近某個將要來這裡投

資的阿拉伯王子，但都毫無結果。

艾科卡同大眾汽車公司的總裁托尼·施默克進行過更為嚴肅認真的討論。自從二十多年前托尼在福特公司德國分公司從事採購工作以來，艾科卡和他一直是好朋友。

他們曾就大眾汽車公司和克萊斯勒公司合併的「宏偉計劃」進行過祕密談判。他們計劃兩個公司聯合生產一種汽車，克萊斯勒在美國國內銷售，大眾汽車公司在歐洲市場銷售。

早些時候，克萊斯勒已經就每年向大眾汽車公司購買三十萬台四缸引擎安裝在「歐尼斯」車和「地平線」車上一事做了安排，這兩種車都同大眾汽車公司的「兔牌」汽車有許多相同之處。因此從某種程度上來說，雙方已經邁出了合作的第一步。

實行這項計劃顯然是有好處的。克萊斯勒的汽車商網點將會大幅度增加，可以在固定開支下推銷出更多的汽車。

艾科卡和斯普里奇一直在談論這件事。克萊斯勒公司和大眾汽車公司的合併將代表著「全球汽車公司」的一個開端，他們都對這個計劃的可能性表示樂觀。同大眾汽車公司的合併一旦成功，可以毫不費力地再找一家日本公司進行合作。

這時，克萊斯勒公司同大眾汽車公司的談判已經進入到實質階段，問題就出在大眾汽車公司看到了目前克萊斯勒公司的收支情況後，就退出不幹了。他們認為這項計劃太冒風險了，到最後也許不是他們把克萊斯勒拉上岸，而是克萊斯勒把他們拖下

水。

想和克萊斯勒合併的還有其他公司，包括約翰‧德洛里的公司。德洛里離開通用汽車公司後自己辦起一家汽車公司。他找艾科卡討論關於他的公司同克萊斯勒合併的事。

他來訪時，兩家公司都處在危機之中。艾科卡對他說：「我父親對我說過，絕不能把兩個失敗者放在一起，所以還是等我們兩家當中的一家有起色後再來談這個問題吧！」

最後，艾科卡又和那些可能會給克萊斯勒幫助的人士舉行過許多次會談，但最終不得不向政府求援。但是他們一開始並不是以申請貸款保證的方式要求政府援助的。

約翰‧里卡多和艾科卡一樣，變得一天比一天著急。雖然他即將離職，由艾科卡管理公司，但從技術上講他還是公司的董事長。里卡多認識到公司這條破船將很快下沉，除非立即找到一種補救辦法。為此他前去華盛頓。

他首先爭取國會支持對政府有關規定凍結兩年的要求。這可以使他們把錢用在生產耗油率低的新汽車上，而不是全力以赴去榨取排氣管裡的最後一克碳氫化合物。

里卡多的做法是對的。雖然克萊斯勒公司的許多問題是管理不善直接造成的，但是政府對公司目前的局面至少負有部分責任。

政府制定了一些關於汽車安全和控制廢氣排放的既強硬又

考慮欠周到的條例，接著他們對美國的汽車公司說：「不許你們聯合起來對這些問題進行共同研究和發展，必須由各家公司單獨地進行。」可是他們忘了，日本採取的策略正相反。由於日本的汽車公司不需要遵守反托拉斯法，他們的才智慧夠得到集中使用。

由於反托拉斯法，通用汽車公司、福特汽車公司、美國汽車公司和克萊斯勒汽車公司無論如何都要分別設立有關機構，而研究的是他們共同存在的問題，這給像克萊斯勒這樣的小公司增加了許多額外的負擔。

由於世界石油危機的影響，石油價格增長了一倍，他們不得不轉而生產前輪驅動和高度節油汽車。這樣，單是應付日後汽車生產一項，克萊斯勒公司每月開支就得一億美元。

另外，每個星期五他們還必須拿出二點五億美元發工資和支付上週購買的零件費用。公司的趨向和前景如何已是不難預見的了。

一九七九年八月六日，威廉‧米勒停止擔任聯邦儲備局主席而充任財政部長。他在任聯邦儲備局主席時曾對里卡多說，克萊斯勒公司應當尋求政府的幫助，否則會遇到破產。

他一上任首先宣布，他贊成政府對克萊斯勒公司給予支持，因為這種支持符合民眾的利益。但是他卻不同意提供稅賦優惠。不過他說，如果克萊斯勒向卡特政府提交一份如何繼續生存

的全面計劃，政府會考慮提供貸款。

到這時候艾科卡才決定申請貸款保證，即使這樣，他們內部還進行過激烈的思想鬥爭。尤其是斯普里奇持堅決反對的態度。他認為政府插手會毀了公司，艾科卡不敢說他的話錯，又沒有別的辦法。

「行，」艾科卡說，「你不願意去找政府是嗎？ 我也不願意，那麼你給我一個更好的辦法吧！」

然而大家都沒有其他法子，宣告破產根本不是他們的選擇。就這樣他們勉強決定向政府提出要求貸款的申請。

他發現要求政府貸款有過許多先例，甚至華盛頓的地下鐵道也得到過。艾科卡一次又一次地同編輯和記者們談過，他們不過是步別人的後塵罷了。

「還是面對現實看一看吧！」艾科卡說，「地下鐵道不過是首都的一件展覽品而已。」

「展覽品？」他們說，「這是運輸網。」

「那好，」艾科卡說，「你們到底認為克萊斯勒是什麼？」

對任何願意聽取意見的人，艾科卡繼續向他們強調，克萊斯勒的這種情況並不少見。相反，他們是美國正在發生的不正常情況的一個縮影，汽車工業受到的打擊比任何工業都要大。政府的條例、能源危機和經濟衰退使他們招抵不上。

克萊斯勒公司值得一救嗎？

對於政府可能向克萊斯勒公司提供貸款一事，從一開始就幾乎人人反對。不出所料，最激烈的反對來自企業界。大多數企業領導人強烈反對貸款計劃，許多人公開表明他們的觀點，其中包括通用汽車公司的托姆‧墨菲和花旗銀行的沃爾特‧里斯頓。

他們中的大多數人認為，聯邦政府向克萊斯勒公司提供貸款的做法背離了美國精神，是對這一精神的一種褻瀆。各種忠告像流水一樣向艾科卡湧來，種種陳腔濫調死灰復燃。

例如，有人說：「貸款保證違反自由企業精神，它會鼓勵失敗，並且削弱市場紀律。應該像流水一樣順其自然，適者生存。不要在一場比賽的中途改變規則。失敗對於資本主義來說就像懲罰對於基督教徒那樣自然，自由競爭精神永存。」還有其他各家說法，應有盡有。

全國製造業協會強烈反對政府提供貸款。在一九七九年十一月十三日的一次會議上，它下屬的企業圓桌會議政策委員會就克萊斯勒公司的形勢透過了以下聲明：

辦企業的一個重要前提是允許失敗也允許成功，既可虧損也可盈利。不管失敗給某些公司和個人帶來了多大的困難，由於企業得到盡可能自由和充分經營的許可，因此作為國家廣泛的社會和經濟利益仍然得到最好的照顧。

按修改以後的法令看，失敗和重新組織的後果，換句話說

就是破產雖然嚴重，但也不是不可想像的。

現在，政府、企業和群眾越來越意識到政府干預經濟活動付出的高昂的代價和收到的低效率，因此建議政府進一步參與經濟活動就尤其不妥當。現在是重申「不要政府幫助」的原則的時候了。

這項聲明使艾科卡十分惱火。他寫了這樣一封公開信：

先生們：

就在我在華盛頓為克萊斯勒公司的貸款要求作證的同一天，克萊斯勒公司為其成員之一的企業圓桌會議發表了一項反對「聯邦政府幫助」的新聞公報。得悉此消息，我極為不安。

為此，本人有幾點保留意見：

你們圓桌會議的工作人員表示，你們在準備這個聲明過程中沒有同任何研究破產問題的專家商討過這個問題。否則，我相信這個聲明不會對破產的優越性懷有這麼大的自信心。

受僱於克萊斯勒公司的全國幾十萬工人在這場關於他們前途的大辯論中擁有最大的發言權。

最後，請接受克萊斯勒公司退出企業圓桌會議的要求。

這就是艾科卡要對企業圓桌會議說的話。艾科卡想告訴他們：「也許你們是美國的企業名流，但你們卻是一幫偽君子。你們的決定只取決於你們自己的利益是否受到影響！」

　　克萊斯勒受到了孤立和圍困，但艾科卡的立場是明確的。他對那些人說：「主張自由辦企業的資本主義是目前世界上最完美的經濟體系，我百分之百地支持。但要事事平等，這才是它唯一的出路。」

　　當然，過去的管理不善要負大部分責任。克萊斯勒完全不應當以產品投機，不應當擴大海外市場，不應當生產式樣陳舊的汽車，它應當多注意產品品質。

　　但是最終使克萊斯勒公司陷入困境的是越來越多的政府法規的無情束縛。艾科卡用了一週的時間向國會說明情況。

　　他們不斷地問：「你為什麼老到這裡來大叫大嚷法規？」

　　艾科卡說：「因為是你們制定了這些法規，卻把責任歸咎於我們。」

　　他們接著又說：「那是愚蠢的經營管理所致。」

　　艾科卡不想爭論下去了。

　　「行，」艾科卡對他們說，「我們不要再爭論了。你們法規占百分之五十的錯，我們經營管理上占百分之五十的錯。你們想讓我做什麼？把那些過去做錯事現在已不在這裡的人綁到十字架上釘死？還是讓我們回到現實問題上來吧！是你們致使我們陷入了困境！」

　　艾科卡認為，反對者從來就沒考慮過挽救克萊斯勒公司倒

閉，將會造成包括公司的僱員、汽車商和材料供應商總共六十萬人失業的危險。

艾科卡去找政府並且對他們說：「如果有必要保護個人，那麼保護他們的公司同樣有必要。有工作就可以使他們有飯吃。」

他們的爭論涉及競爭問題、工人就業問題，但最為重要的是對於經濟問題的爭論。艾科卡不得不把不同選擇的結果列出來，這讓財政部意識到，如果克萊斯勒公司倒閉了，國家僅在第一年就要向公司的失業工人支付失業保險費和福利費二十七億美元。

艾科卡對國會說：「你們可以選擇，你們願意現在就付二十七億美元呢，還是願意提供以後有機會歸還的只有二十七億美元一半數目的保證貸款？前者現在就付，後者以後再付，供你們選擇。」

艾科卡一面在國會內外展開激烈的爭論，另一方面想方設法積累資金，包括把債券賣給其他公司。但是艾科卡情緒低落，因為不管他走到哪兒，都沒有人說這句話：「堅持下去吧，你會成功的！」

在國會辯論過程中，人們普遍贊成以宣告破產來解決克萊斯勒的問題。根據聯邦政府的破產法令第十一章規定，在他們的內務整理完畢之前，歸還債務方面將得到保護。幾年以後，克萊斯勒也許成了一家規模不大而經濟蓬勃發展的公司。

　　艾科卡請教了多方面的專家。他們告訴說，正像艾科卡已經知道的那樣，按照他們的情況宣告破產將是一場大災難。

　　不談克萊斯勒公司本身，這個美國歷史上最為嚴重的破產對國家會有什麼益處？據有關資料估計，克萊斯勒公司的倒閉將使美國公民增交失業、福利等稅金一百六十億美元。

　　宣告破產將付出如此重大代價！在全國對克萊斯勒的未來展開爭論的過程中，各種輿論都對克萊斯勒肆意抨擊。

　　《華爾街日報》尤其冷酷無情。他們拿貸款保證大做文章，在一個使人難以忘卻的社論標題下，他們把貸款保證稱為「克萊斯勒的無能」。

　　在貸款危機期間，克萊斯勒借到的貸款還只有按法律所應借到的那部分的時候，《華爾街日報》的一篇社論《讓他們體面地死掉吧》轟動一時。

　　艾科卡氣極了。他給那位報紙的主編寫信說：「實際上你們是說，因為病人服下藥方規定的一半藥量後還沒有完全恢復健康，所以就應該把他弄死。幸好你不是我的家庭醫生。」

　　「我們需要的是幫助，而不是施捨！」艾科卡生氣地對不明真相的人說：「許多人不理解。他們以為我們要求施捨，好像覺得卡特總統送了我一張祝賀克萊斯勒公司早日恢復生機的慰問卡，裡面塞滿了面額十美元、二十美元嶄新的鈔票，總額高達十億美元。許多好意的美國人顯然認為，克萊斯勒公司已經得到

了一紙袋現款，而且這十億美元無須歸還。要是真的該多好！」

援助案獲得通過

　　艾科卡說，在眾議院或參議院作證的滋味，絕不是好受的。但是，只要存在著得到貸款保證的一絲希望，他還得親自出馬。這是無法請人代替的！

　　參眾兩院聽證會場的設計很有特點，議員們居高臨下，證人必須抬起頭來才能看到提問者，從心理上就處於不利地位。當然，那些電視攝影機的強烈燈光會始終照看你的眼睛。

　　艾科卡被稱作證人，其實不甚確切，實際上他是被告。他得一小時一小時地坐著聽國會和新聞界對他的審判，即所謂的克萊斯勒公司的管理錯誤，有真的也有憑空想像出來的。

　　在這些聽證會上，艾科卡全得靠自己。一切都是即席式的，問題突如其來，經常是多種含義。助手們經常給議員們遞條子，只有他孤軍作戰，要應付一切。

　　克萊斯勒被指責為缺乏眼光，不能像聰明的日本人那樣造出一加侖油能走五十公里的小汽車。

　　艾科卡反駁說，在這個問題上，消息比他靈通得多的美國國務院、洛克斐勒，甚至卡特總統、基辛格博士都不能先知，何況他這個不搞政治的人。

他們還受到譴責說，沒有準備好與政府能源部制訂的燃料分配方案相配合，以致在加油站發生種種事端。在國會和新聞界的眼中，克萊斯勒公司是有罪的，他們丟失了市場，他們理應受到懲罰。

克萊斯勒確實受到了懲罰。在國會聽證會期間，他們成了向全世界表明美國工業一無是處的活生生的典範。報刊社論版上經常出現文章，羞辱他們未能體面地關門了之。他們成了漫畫家的諷刺目標。連艾科卡的妻子兒女在商店中、在學校裡都成了人們恥笑的對象。

艾科卡付出了比關門和一走了之更大的代價。這些指責和恥笑變成了個人間的恩怨，而且是有針對性的。

十月十八日，艾科卡第一次出席由眾議院銀行、財政和城市事務委員會舉辦的聽證會。全體委員們都參加了，這本身就很說明問題。因為通常情況下，大多數委員是不參加的，他們還有別的許多會議在同時進行，而聽證會往往由國會的助理們承擔任務。

艾科卡一開始很簡單地提出了他的證詞：「我相信諸位都明白，我今天在這裡絕不是代表我一個人說話，我代表著成千上萬靠克萊斯勒公司為生的人們。事情就是那麼簡單。我們有十四萬職工和他們的家屬，四千七百家汽車商及所屬的十五萬職工，一萬九千家供應商和其他僱用的二十五萬人，還有這些人的全部家

屬。」

「對於克萊斯勒公司到底想向政府提出什麼要求，人們含糊不清。所以我在聽證會清楚地表明，我們絕不是要求施捨，也不是索取禮物。我提醒國會，克萊斯勒公司正在申請一項貸款的保證，我們將償還每一元錢，而且都是有利息的。」

艾科卡在開場白中，向委員會闡明了幾個重點：

第一，形成克萊斯勒公司困難局面的因素有四個，即管理不良、政府過多的規定、能源危機和國家經濟蕭條。整套管理制度他們已徹底改革，而後三個因素不是他們公司所能左右得了的。

第二，克萊斯勒公司已經採取了迅速果斷的措施。已將不賺錢的資產賣掉，並已籌集到一筆可觀的資金；一年內減少固定成本六億美元；降低了公司一千七百位高級職員的薪水；取消了一切加薪制度；暫緩實施職工認股計劃；減少股利。

後來在聽證會過程中，艾科卡又將各點作了進一步的闡述。

無休止的提問，無休止的非難。有些委員會的成員根本不相信克萊斯勒公司如今已推行一套全新的管理制度。不足為奇的是，絕大部分人根本不想考慮聯邦政府的種種法令和規定如何束縛人們的手腳。因此，他們繼續指責克萊斯勒公司前任上司的錯誤，並要求艾科卡作出解釋。

每個人都在找替死鬼。可是艾科卡不願意把所有的責任都

一股腦推到前任身上。因此他在聽證會上作證時把重點放在政府設置的障礙，即各種規章制度上。

他還提到，現在人們有一種錯誤的看法，好像克萊斯勒公司只生產耗油的大型車，不生產省油的小車。他指出就在他出庭作證的這段時間，全美各地有五十多萬輛克萊斯勒生產的新型號小型車行駛在公路上，遠比其他汽車公司多。而且，新設計的 K 型車也將在年內推出。

他解釋說，問題不是他們生產了太多的大型車；事實上，他們生產得還不夠。只有大車才能盈大利，就像肉舖裡只有靠賣牛排而不是做漢堡用的肉餡才能更賺錢的道理一樣。

幸運的是，眾議院的義大利裔議員支持了他。

一天，紐澤西州的彼得・羅迪諾議員把艾科卡帶進一間會議室說：「我想請你跟我的夥伴們談談。」

房間裡坐了三十一位議員，其中三十人投票支持。他們中有的是民主黨人，有的是共和黨人。在這個案子裡，他們是投支持票的。

由於時間不夠，艾科卡始終未能與議員中的黑人進行會晤。但他曾與他們中的領袖馬里蘭州的巴隆・密切爾見過面。

一九七九年，全美國黑人的工資裡，有百分之一是由克萊斯勒公司發放的。在他們申請貸款保證的聯盟中，黑人起了極重要的作用，使得克萊斯勒公司有成功的機會。

　　底特律市的黑人市長庫爾曼·揚曾幾次到華盛頓參加國會聽證會，支持他們。這位市長指出，一旦克萊斯勒公司破產，對底特律的影響是不堪設想的。這位黑人市長曾是卡特總統的早期支持者，他就克萊斯勒公司的形勢對卡特總統的進言是很有影響的。

　　在一九七九年的最後三個月裡，艾科卡受到了沉重的壓力。他一星期要去華盛頓兩三次，還要維持克萊斯勒公司的正常運轉。與此同時，瑪麗又糖尿病發作。有幾次艾科卡不得不放下在華盛頓的工作，飛回底特律陪她。

　　每次艾科卡去華盛頓，一天都要安排八九次會見。每到一處，他都要重複一次同樣的講話內容，提出同樣的重點，面對同樣的爭論。

　　有一次他走在國會鋪著大理石的走廊裡時，突然感到有點不舒服，整個人好像走在棉花上，頭暈目眩，差一點昏倒，視線所及都是雙影的。

　　有人馬上把他送進了醫務室，然後送到眾議院的衛生所。醫生檢查的結果是頭暈症，二十年前他曾經發作過一次。

　　記得那次他和麥納馬拉一起走在福特公司的走廊上，艾科卡直往牆上撞。麥納馬拉說：「怎麼啦，李？你喝醉了，還是鬧病了？」

　　「沒有啊！」艾科卡甚至沒有發覺自己有毛病。

「那你怎麼老往牆上撞？」他問。

頭暈症是由於內耳失去平衡而致，這是舊病復發。檢查出院後艾科卡又發作過一次。緊張和壓力使他覺得腦袋裡裝滿了石頭，不過他總算熬過來了。

在這段含辛茹苦的日子裡，艾科卡的首要問題是加強消費者對克萊斯勒公司的信心。在國會舉行聽證會期間，公司的銷售情況大幅度下降。精神正常的人，誰還願意向快要關門的公司買車呢？願「考慮考慮」買克萊斯勒公司汽車的顧客的比例，一夜之間從百分之三十降至百分之十三。

如何對待這種危機，公司裡有兩種意見。大體上說來，負責公共關係的人員主張保持沉默，他們說：「只要穩定不慌，事情就會過去。最糟糕的就是引起人們對克萊斯勒困頓狀態的注意。」

但是為克萊斯勒公司代辦廣告的埃克哈特公司的人卻大為反對。他們的觀點是：「情況已經很危急了，你是靜靜地躺著等死呢，還是大叫一聲死去？我們建議大叫一聲死去。這樣，至少發出了響動，有人聽到你要死了。」

這符合艾科卡的性格，他採納了他們的建議，要求廣告公司向顧客推出一系列未來服務保證的廣告。他們希望大家弄清楚兩件事：第一，克萊斯勒公司絕不關門；第二，正在生產著美國真正需要的汽車。

除了通常那種介紹新產品的圖文並茂的做法外，艾科卡他們針對克萊斯勒公司本身對貸款保證的看法，以及公司的長遠規劃等，發表專論性文章。他們不僅在推銷公司的產品，更在宣傳公司的未來。他們利用廣告這個正常通路，宣傳他們的事業而不僅僅是汽車。

在這些被稱為「花錢的公共關係」廣告裡，做了許多有利於克萊斯勒的正面宣傳，也澄清了一些似是而非的說法，其中包括克萊斯勒公司不僅僅製造耗油的大型車，他們並不要求政府的贈予，他們所申請的貸款保證絕不會造成一個危險的先例，等等。

這些廣告非同一般地直率、坦誠。因為他們非常了解顧客的心理，所以在廣告中站在消費者的立場，設身處地地為他們著想，解決他們可能對公司產生的疑慮。對於那些不實的新聞報導，光是不理睬是不夠的，不妨面對挑戰，並以事實取代謊言。

他們在其中一則廣告中用醒目的標題說出令許多消費者產生思考的話：「沒有克萊斯勒的存在，難道美國人的日子會過得更好嗎？」

在另一些廣告中，他們設想了一些最敏感的問題並給予回答。

例如，克萊斯勒改造小汽車的速度是不是太慢了？是不是克萊斯勒的問題沒有人能解決得了？克萊斯勒公司的管理階層真的無力轉危為安了？克萊斯勒還有前途嗎？

　　這些廣告還有一點與眾不同的是，每一張上都有艾科卡的簽名。他們希望公眾了解，克萊斯勒公司已經開始了一個嶄新的局面。至少，一家行將破產的公司的負責人必須保證有信心。他會對大家說：「我就在這裡，實實在在地在這裡。我為這家公司負責。為了表示我說話是算數的，本人在橫線上簽著名。」

　　最後，他們終於使公眾相信，克萊斯勒還是一家可靠的公司。在所有廣告上簽名的同時，艾科卡也請大家給他寫信，說出他們的不滿和問題。他們向社會宣布，他們這家大公司現在由一位把自己的姓名和聲譽全部投入其中的人在經營著。

　　這場廣告運動十分成功。艾科卡可以肯定，它在促使國會同意給予貸款保證這件事上，也起了巨大的作用。當然，做廣告的最大缺憾是，你搞不清楚到底是廣告的哪一點真正造成了作用從而改變了人們的思想。

　　但是艾科卡聽到有消息說，卡特政府及國會裡的人都手裡拿著這些廣告進進出出，從一個辦公室跑到另一個辦公室，有的高興，有的憤慨，當然要根據他們的立場而定。

　　毫無疑問，廣告給公眾灌入了深刻的印象。人們讀到報紙頭版時，有消息說克萊斯勒即將倒閉；然後他們翻到報紙的裡頁，又看到了不同的說法。

　　與此同時，公司的華盛頓分公司在另一條戰線上組成了一個龐大的代銷商宣傳隊。每天都有成群的克萊斯勒牌汽車和道奇

牌汽車經銷人來到華盛頓。負責公司公共事務部的副總經理溫德爾‧拉森向這些經銷人吹風，告訴他們應該找哪位議員談、談些什麼，等等。

汽車經銷商往往給人以富有的感覺，他們在社會上一般很活躍，同代表他們的議員之間關係較密切。很多汽車商都是保守的、共和黨的人，他們的出現對從意識形態上反對克萊斯勒的國會議員產生很大影響。很多汽車商在競選活動中有過貢獻，這點議員們是無法否認的。

一幫汽車商被派遣進駐華盛頓，他們取得的效果是驚人的。甚至其他公司有些經銷商也幫助他們到華盛頓進行遊說。他們認為，汽車業之間互相競爭是有必要的，應該給克萊斯勒以競爭的機會。

為了使申請獲得批准，艾科卡他們不得不對議員施加影響，讓他們從人道主義而不是意識形態的角度來考慮問題。他們給每一位眾議員送去一份在他的選區中同克萊斯勒公司有來往的供應商和推銷商的名單。

艾科卡明確指出，如果克萊斯勒公司倒閉，將會對這位議員的選區產生何種結果。因為全國五百三十五個選區中，只有兩個選區裡沒有克萊斯勒公司的供應商或推銷商。這份表格，可以說是對症下藥，它產生了空前的效果。

再就是杜格‧弗雷澤，他為艾科卡做了許多工作。他在國會

所作的證詞很漂亮。他在國會侃侃而談，闡述了如果克萊斯勒公司的申請不被批准的話，人們的生活將會面對多大的痛苦。他指出：「我到這裡來不是為克萊斯勒公司辯護，我擔心的是克萊斯勒公司一旦倒閉將給工人和他們的社會帶來可怕影響。」

弗雷澤是一位不知疲倦的演說家。他單獨會見許多眾議員和參議員。他還是副總統蒙代爾的好朋友，他對白宮進行了兩三次重要的訪問。

艾科卡也曾親自去白宮找過總統。卡特本人並未捲入這場關於克萊斯勒的爭論，但他基本上是支持他們的。在艾科卡訪問期間，總統告訴艾科卡，他和他的妻子羅莎琳都很欣賞艾科卡在電視上作的廣告。卡特總統開玩笑說，艾科卡已經變得和他一樣出名了。

卡特授權財政部去處理克萊斯勒一案，但他本人公開表示支持克萊斯勒。沒有最高行政機構的支持，這項法案是絕對不會通過的。

後來，在卡特離任以後，還來看過艾科卡兩次。他為克萊斯勒公司的興旺感到驕傲。艾科卡覺得卡特認為自己是養育了「這個孩子」的父親。

卡特告訴艾科卡：「我在執政期間所做的一切，回顧起來這一件顯然是做得對的。」

當投票表決即將來臨時，克萊斯勒在國會裡已經有了相當

多的支持者。但議長蒂普·奧尼爾的支持仍是關鍵性的。投票前夕，他不是以議長而是以麻薩諸塞州議員的身分為艾科卡他們說了話。

奧尼爾議員充滿感情地支持克萊斯勒的貸款保證，他回顧了波士頓在經濟大蕭條時期工人們失了業，在家沒事幹，連爭取一份去鏟雪的工作也要到處求人的慘狀。

他說：「我總為爭取一百個就業機會而拚命奮鬥，今天晚上有一百多萬個家庭等著要知道國會的裁決，而我們現在坐在這裡討論這個申請案，不是顯得有點荒唐嗎？」

奧尼爾以樸素的感情打動了眾議員們。在整個過程中，他一直是位主要的領導人。有了議長的支持，當然就會贏得許多議員了。表決結果，眾議院以兩百七十一票對一百三十六票，也就是贊同票是反對票的二倍，通過對克萊斯勒的援助案。

參議院的票數比較接近，五十票對四十四票，但是一般在這種形勢下都是這樣。法案剛好在聖誕節前通過，許多家庭歡天喜地，隆重慶祝。

而艾科卡已疲憊不堪。儘管鬆了一口氣，但並不樂觀。他自從到了克萊斯勒公司，經常看見黑暗的洞口射來一線亮光，但他還沒來得及高興的時候，迎面而來的卻是一輛火車頭，仍然擋住了他的去路。在他們得到政府保證貸款之前，還有許多難關要過呢！

　　根據貸款保證法規定，克萊斯勒公司必須重新改組。用財政部長威廉·米勒的話來說，這將是美國商業歷史上最錯綜複雜的一筆財政交易。

　　法案規定設立一個「貸款保證委員會」。在今後兩年內，這個委員會有權撥給十五億美元的貸款保證。但這些貸款必須於一九九〇年年底以前還請。其中還有不少附加條件，例如，克萊斯勒本身必須以變賣資產的辦法另籌三億美元資金；克萊斯勒公司必須發行價值五千萬美元的新股票，等等。

　　另外，也許很少有人注意到，政府拿走了克萊斯勒公司所有的資產作為抵押。他們擁有的汽車、不動產、工廠、機器及其他家當，帳面上顯示的價值為六十億美元，而政府只估價為二十五億美元。如果遇到最壞的情況，政府有扣押權。假使他們失敗了，在別的債權人提出要求以前，政府有權收回所有十二億美元的貸款。

　　哪怕政府所估計的二十五億美元現值偏高，哪怕克萊斯勒的實際資產只值二十五億美元的一半，政府仍然受到保護。即使克萊斯勒無法付清貸款，「貸款保證委員會」仍能清算公司全部資產而安然無恙告退。說穿了，政府根本不必擔當任何財務上的風險。

　　這一貸款保證法案通過後幾個星期，共和黨執政了。他們的態度是：「這是卡特時期的事，我們將著重法律條文，但是僅

此而已。這是違背我們的思想的。如果克萊斯勒成功了，我們會感到尷尬。我們也不希望任何別的公司存有同樣的幻想。」

艾科卡覺得還算幸運，在克萊斯勒公司急需幫助時，遇上了重視人而不是重視意識形態的民主黨人在執政。

艾科卡承認自己只是個普通人。當遇到順境、賺到大錢時，他站在共和黨一邊。但自從來到克萊斯勒公司以後，他又倒向民主黨了。

他說：「畢竟，我需要講感情的政黨，而當我需要幫助時，民主黨人往往伸出援助之手。」

身先士卒的統帥

隨著貸款保證法案的通過，克萊斯勒公司有了以拚搏求生存的機會。這真是背水一戰！他們所進行的是一場經濟戰。儘管不會真的死人，但幾十萬名職工的經濟生命卻取決於他們能否對貸款保證法案要求他們做出的各種讓步採取相應的措施。

艾科卡是這場拯救克萊斯勒公司戰役的統帥，他最引以為自豪的，是能把大家的力量聯合起來。這向人們表明，困難時期互相間的合作會給人帶來多麼大的力量。

艾科卡帶頭把自己的年薪降低到一美元，他要以行動來表明態度，作為這一戰役的開始。當他去找工會主席杜格·弗雷澤時，正視著他說：「我要你們也作些犧牲。」

他要使公司的僱員和公司的材料供應商們心裡默默地說：
「以身作則的人我可以跟他幹。」

雖然艾科卡減少薪水並沒有達到需要節衣縮食的程度，但
還是在底特律引起了很大的反響。這表明大家都要同甘共苦，表
明只有人人勒緊褲腰帶，公司才能得救。這是一個感人的舉動，
這件事很快就傳開了。

艾科卡在克萊斯勒三年對人的了解比他在福特三十二年深
刻得多。艱難時期，最能體現人的本質。他發現，如果人人同甘
共苦，人們對痛苦的承受力會更大。

艾科卡把這叫做「犧牲均等」。他做出犧牲了，其他人也紛
紛仿效，這就是克萊斯勒公司能渡過難關的原因。不光是貸款救
了他們，也是所有人的共同努力使公司起死回生。就像全家人
召集在一起開了一個家庭會議，大家說：「我們向富有的叔叔借
了一筆錢，現在我們要用實際行動來證明我們是還得起這筆債
的。」

凝聚力發揮了神奇般的力量，它使克萊斯勒渡過難關。但
是，為節省開支，他們不得不解僱一大批人。

艾科卡說：「這真是像一場戰爭：我們打勝了，但我們的兒
子沒有從戰場上次來。我們付出了傷痛的代價。許多人受到沉重
打擊，子女中途退學，酗酒、離婚，滿目淒涼。為了拯救公司，
為了多數人得以生存，不得不忍痛犧牲少數人。」

由於大多數美國人的支持，艾科卡他們完成任務顯得稍為輕鬆一點。他們不再被認為是領救濟金的寄生蟲了。隨著國會聽證會的結束，這方面的閒言碎語也過去了。這時候他們的廣告攻勢也奏效了。他們雖是失敗者，卻像英雄般地投入戰鬥，社會輿論開始支持他們了。

許多普通人給艾科卡寫信，紛紛表示對他們的支持。他們說，亨利‧福特的損失將是克萊斯勒的收穫。他們還提了許多對企業發展有好處的建議。

許多知名人士也幫助過他們。喜劇大師鮑勃‧霍普來看艾科卡。他說，他願意助克萊斯勒一臂之力。

一天晚上，艾科卡在拉斯維加斯找到了正在吃晚飯的比爾‧科斯比。當天深夜一點他打電話到艾科卡住的旅館。

艾科卡說：「嘿，夥計，你可把我吵醒了。」

科斯比說：「告訴你，我們正要出發。我們睡不著。不管怎麼說，我很欽佩你們正在進行的戰鬥，我也敬佩你給予黑人兄弟的幫助。我願為你們做點事情。我不能看著自己賺了大筆錢，而別人還在挨餓。」

他到底特律為兩萬多名工人舉行了一場演出。然後他坐飛機走了，沒有要一分錢，也從未向艾科卡要求派一輛車，他用實際行動給他們支持。

有一天夜裡，珀爾‧貝利到底特律市中心的一個糖尿病研究

所找到艾科卡，說有要事談。她感謝艾科卡為挽救公司所作的努力，感謝他給了工人以希望。她不是舉行音樂會，而是對傑弗遜大街的一座工廠的工人講課，闡述了愛國主義和做出犧牲的必要性，講話令人振奮。

法蘭克·辛納屈也願幫助艾科卡。他說：「李，如果你只掙一元錢，我也向你學。」他替艾科卡他們拍了一些廣告片。

那段時間那些事讓艾科卡看到了人性的積極面，看到了人內心中的正能量。過去，他不了解人在緊要關頭會如何做事。現在，他發現大多數人都會團結在一起。雖然輿論可能認為貪心是企業唯一的動力，但他們並不貪心。只要一聲號令，他們就會挺身而出，只要沒有使他們受到不公正的待遇。這是儲存在人身體內的潛在的力量。

艾科卡還看到，人們在危難中都很沉著。他們接受命運。他們知道前面的路程艱難，但還是咬緊牙關，知難而上。他看到這種情況非常欣慰，也許那個時期唯一令他欣慰的就在於此。他感謝這些人們，讓他內心充滿力量。

艾科卡減薪以後，也開始對其他經理人員減薪。他們取消了股份紅利，公司和股東們各減一半；減少經理人員百分之十的工資，這在汽車行業裡是沒有先例的。他們對每個層次的人員都減薪，但最底層的祕書例外，艾科卡認為這些人的每分錢都是應得的。

　　經理們都採取了合作的態度。他們經常讀報，因此他們很清楚，公司隨時都可能倒閉。在這種時候誰也不能置之度外。你只能看到一點：求生之路，沒有什麼力量能夠阻止你向前衝刺。

　　這一切都從艾科卡開始，帶動了整個隊伍。為了他們的事業，艾科卡可以要他們赴湯蹈火，他們也會在所不辭，因為大家都在同甘共苦。

　　工會給了艾科卡莫大的支持，工會做出讓步在那時是很難想像的事。工會一直認為公司管理人員都是些寄生蟲，而工人們被榨乾了血汗。

　　艾科卡對工會說：「現在你們看到了幾條皮包骨頭的寄生蟲，怎麼樣？你們準備怎麼辦？」

　　從那天開始，艾科卡成了他們的朋友。他們很親熱地擁抱他，擁抱他這個皮包骨頭的寄生蟲。他們對工人們說：「這傢伙說話算數，正帶領我們向好的地方奔。」

　　艾科卡跟他們坦誠相見，向他們嚴肅地指出：「夥計們，我已把槍瞄準了你們的腦袋。十七美元一小時的工人我有幾千名，二十美元一小時的工人一個也沒有，所以你們還是頭腦清醒一些好。」

　　一年以後情況更惡化了，他不得不再次和工會談判。在一個嚴冬的夜晚，大約晚上十點，他對工會談判委員會講話。這是艾科卡最簡短的一次講話。

他說：「明天早晨以前你們必須作出決定。如果你們採取不合作的態度，我就砸了你們的腦袋。我會明天早晨就宣布破產，讓你們大家都失業。我給你們八個小時去拿主意，你們看著辦吧！」

這是迫不得已的辦法，但有時候非得這樣做不可。工會的弗雷澤說，這是他同意過的經濟解決辦法中最不滿意的一次。他說，如果不同意，更糟糕的是會失業。

工人們作了很大的讓步。他們的工資馬上變成了每小時一點一五美元。一年半以後，他們的工資才漲到每小時兩美元。在總共十九個月裡，克萊斯勒公司的工人平均每人減少了一萬美元的工資。

工會對艾科卡一美元年薪逐漸習以為常。當他第二年取消了這個做法時，他們還因此取笑艾科卡。

克萊斯勒公司工人的態度多少年來第一次開始改變了。當加拿大工會一九八二年舉行罷工時，他們沒有像過去那樣毀壞汽車和機器。他們希望增加工資，但不做任何損害公司利益的事。

根據貸款條款的規定，工人享有股票所有權，公司每年要花費四千萬美元，長達四年時間。但是它有重要的經濟意義。如果工人們允許分享公司的利潤，他們工作勁頭就更大。

自由企業界人士又竭力反對這件事。艾科卡也又一次做了對付他們的準備。艾科卡指出，美國的一些龐大的養老金計劃擁

有大量股票，在通用汽車公司和其他許多公開貿易的大公司裡都占有很大一部分的股份。因此，允許就業工人有些股份有什麼錯？！

自由企業界人士認為，這種做法是導致社會主義的第一步。而艾科卡卻不認為工人擁有一些股份有什麼不對，這當然不會影響公司的經營管理。艾科卡認為，與其讓華爾街上的掮客持有公司的股份，還不如交給在裝配線上幹活的工人。

艾科卡還在處罰缺勤者方面得到了工會的支持。有些人從來不上工但要照拿工資。在工會的協助下他們強制執行了一些處罰長期缺勤者的規定。

這個時期他們被迫停辦了一些工廠，許多工人只得離開。這對在那些工廠幹了二三十年的工人來說，是件十分痛苦的事。甚至有人的父母也在這些廠裡幹過活。然而現在他們突然發現工廠要關門了。

人們強烈反對有些工廠關門。但是工會十分理解他們採取這樣的措施是出於無奈。他們能接受這些做法是因為他們知道，艾科卡這樣做了可以要求材料供應者、公司的管理人員和銀行做出同等讓步。

一九八〇年，艾科卡到克萊斯勒公司所屬的每一個工廠去直接向工人講話。在群眾大會上，他感謝工人在困難時期對公司的支持。艾科卡對他們說，情況好轉以後，將設法使他們享受到

與福特公司和通用汽車公司的工人同樣的待遇。艾科卡給他們鼓勁，他們叫著喊著，有歡呼聲，也有譏笑聲。

艾科卡也召開工廠基層管理人員的會議。艾科卡和他們一起坐在地板上促膝談心，他們每個人都能聽到，這讓他們把自己視為這個團體的一分子。

在福特公司時艾科卡經常和群眾進行這樣的談話，那時候他也有精力這樣做，因為總經理的工作進展得很順利。但是在克萊斯勒公司情況就不一樣了，難題和危機一個接著一個，使他筋疲力盡。

艾科卡得到了工人們的支持，有許多工人熱情地擁抱他，有的送給他禮物，有的則要告訴他在為他祈禱。

這期間一位在底特律林區路工廠當保養員的女工莉蓮·澤沃斯在工廠辦的報紙上發表了一篇文章。她呼籲同伴們振作起來。她說：「現在，也許你有充分的時間來思考一些問題了，因為你已被解僱，再也不需要像過去那樣吊兒郎當應付工作，或者對次品熟視無睹了。」

艾科卡給澤沃斯寫了一封信，告訴她很喜歡她的文章，並且邀她到他的辦公室來。她來時帶著一塊她親手製作的蛋糕。這塊蛋糕裡有啤酒，外面包著一層巧克力糖衣。艾科卡覺得這是有生以來吃到過的最好吃的蛋糕。

當然，並不是所有的工人都像澤沃斯那樣。每小時工資減

到兩美元很難使人高興得起來。新聞界一直認為克萊斯勒公司工人的工資比通用公司和福特公司每小時少兩美元，但這樣的說法並不確切。

因為克萊斯勒公司與福特公司和通用公司不同，退休工人特別多。公司現在必須為所有退休在家的職工付退休金、醫療費用、人壽保險費等，而掙出錢來支付這筆開支的是公司的在職工人。

在正常情況下，這是不成問題的。每個退休的人至少有兩個正在工作的員工來支持，他們的生產力足夠支付退休者的退休金和其他費用。但是到一九八〇年，克萊斯勒出現了史無前例的九十三名在業工人養一百名退休工人的現象。

也就是說，現在待在家裡的人比在公司上班的人還要多！

這是由克萊斯勒公司反映出來的一個社會問題。人們現在提早退休，而壽命在普遍延長，但是沒有足夠多的勞動生產力來支持他們。

雖然克萊斯勒公司的工人每小時減少到了兩美元的工資，但是因為有大量的退休工人，他們的勞工費用並沒有降低多少。有些工人卻並不是這樣看問題。

他們不認為應該負擔退休工人的費用。他們的態度往往是：「這個問題麼，與我沒有關係。我自己並不是我兄弟的監護人。」

　　艾科卡對他們說：「你們工會是建立在永遠團結的基礎上的。你們提出了這些養老金計劃，而現在有大批的人退休在家，這太糟糕了。汽車工業前景不妙，克萊斯勒公司太大，所以我們進行了精簡，縮小規模。但是必須有人負責退休工人的費用。我們不能不執行養老金計劃。」

　　在工會做出讓步以前，艾科卡就邀請工會的弗雷澤參加了董事會。任命弗雷澤並不是公司和工會之間一攬子交易的內容，雖然報紙是這樣報導的。

　　艾科卡讓弗雷澤參加董事會是因為知道他能作出特殊的貢獻。他很精明，政治上有見識，並且想到什麼就說什麼。

　　作為董事會成員，弗雷澤從經營管理的角度直接了解到了克萊斯勒公司的情況。在他了解到許多情況和認識到許多新問題以後，他對工人們講了實情：公司很脆弱，經不起罷工的打擊。

　　弗雷澤發揮了巨大作用。當公司要關閉某個工廠時，他指導如何最大限度地減少混亂和損失。

　　當初艾科卡讓杜格進董事會時，引起企業界的一片譁然。他們說：「你不能這樣做！你這是把狐狸帶進雞窩。你瘋了！」

　　艾科卡對他們說：「為什麼在你們欠銀行一億美元的時候可以讓銀行家參加董事會，而工人就不行呢？為什麼可以讓供應商參加董事會呢？這兩者的利益不是矛盾的嗎？」

　　在此之前，美國的任何一個大公司的董事會都還沒有勞工

代表參加。但是勞工代表加入董事會在歐洲卻很普遍。而美國公司的執行總裁仍然認為勞資雙方總是勢不兩立。

艾科卡覺得這種思想已經過時了，他希望工人能了解公司內部的運轉情況。他指出，美國未來的經濟取決於政府、工會和經理部門之間的合作，只有這三者協調起來才能占領世界市場。

反對弗雷澤參加董事會的不只是公司的經理人員，也有許多工會會員。他們擔心弗雷澤加入董事會後會傾向與資方妥協而不為工人爭取最大的利益，做資方的傀儡。

他們根深蒂固地認為除非付諸暴力或流血，資方絕對不會做任何有利於勞工的事，所以他們得盡力爭取自己的權益。

艾科卡讓工會自己的人加入董事會，就是要改變他們的這種陳舊的觀念，讓他們知道只有公司賺了錢才能分享利潤，只有生產力提高才能提高工資。

艾科卡對弗雷澤參加董事會很高興，因為他的水準是第一流的。不管什麼時候，只要艾科卡在董事會，都希望弗雷澤參加。

弗雷澤很適合在董事會工作，懂得如何進行談判、如何妥協。他能夠區分是好交易還是壞交易。艾科卡甚至曾經把他推薦給雷根總統當政府的談判代表。

艾科卡認為，如果弗雷澤早先就參加了董事會，也許克萊斯勒公司就不會買進那些歐洲最差勁的公司了。當時只要有一個

人敢說：「我們為什麼要這樣做？這樣做有什麼好處？」這樣，那些可怕的做法也許就被制止了。

　　每當有人指責艾科卡把弗雷澤拉進董事會時，他的標準答案總是：「你為什麼這樣不自在？不管怎樣，這對你會有好處。如果結果證明我錯了，你就知道這種事不能再做，你也可以在鄉村俱樂部談論這件事，就說：『艾科卡真是個飯桶！』但要是結果證明我對了，那我就成了開路先鋒，你會感謝我指引了方向。說不一定有一天你會因此而發達起來的！」

經受煉獄的考驗

　　凡是與克萊斯勒公司有關係的團體沒有一個情願輕易做出讓步。不過當他們認識到情況的嚴重性、相信其他團體也要作同樣的犧牲時，他們都很快地表示願意合作來解決難題。

　　只有銀行家例外。讓貸款給他們的四百家銀行同意延期收回六點五五億美元，比讓整個美國國會通過十五億美元的貸款保證所花費的時間還要長。國會聽證會已夠可怕的了，但是比起同銀行打交道來，艾科卡覺得國會聽證會又好像是在融融的春日裡換個漏氣的車輪胎那麼輕而易舉了。

　　對於銀行的態度，艾科卡非常失望，但卻不足為怪。在參、眾兩院聽證期間，銀行一直持否定態度。美國花旗銀行的行長沃爾特・里斯頓、美國商業銀行董事長湯姆・克勞森等，都在

會上作證反對貸款保證法案。有人把克萊斯勒公司的現狀比作越南，暗示人們說，這可能是個無底洞，一旦陷入，將不可脫身。

艾科卡和花旗銀行的代表彼得·菲茨和歐文銀行的代表羅恩·德雷克有過幾輪非常艱苦的會談。菲茨和德雷克都是整頓財務的專家，他們的基本態度是：克萊斯勒公司的人都是廢物，不知道自己在幹些什麼。而他們自己對克萊斯勒公司的就業和投資問題毫不關心，他們只知道還錢。

銀行界所有的人都希望克萊斯勒宣告破產。但是艾科卡拚命反對。他盡力說服他們，只要有難同當，同舟共濟，加上公司的新上司來管理，克萊斯勒會成功的。

艾科卡同羅恩·德雷克有過幾次唇槍舌劍，彼此鬥得很苦。但是後來他居然成了艾科卡在美林證券公司的私人財政顧問。一九八〇年他們相互仇視，但不打不相識，他們在鬥爭之中達到了相互了解，並彼此諒解。他們共同渡過了難關，後來成了好朋友。

一九七九年底貸款保證法案通過的時候，克萊斯勒公司和關係企業克萊斯勒金融公司一共欠四百多家銀行和保險公司四十七點五億美元。這些貸款是幾年累積下來的。那些年，銀行家們大概都在睡覺，似乎沒有人懷疑公司是否健康，儘管人人都可以看出許多不祥的徵兆。

對於銀行家來說，克萊斯勒公司一直是個富礦脈，沒有人

願意對它橫挑鼻子豎挑眼。五十多年來，克萊斯勒公司經常向銀行借錢，但從來都是及時還清本息的。

　　克萊斯勒公司一直是個很有影響的公司，慷慨地付紅利，大筆大筆地向銀行貸款。這對銀行來說總是好事，但對公司卻不盡然。一旦影響大了，實際情況也會被誇大，在順利的時候會使你更順利，但在倒楣時會讓你更難堪。

　　克萊斯勒貸款的利率從來沒有得到過像通用汽車公司和福特公司那樣的優惠。借了一筆錢之後，他們常常必須額外付給銀行一筆錢。

　　在公司興旺的那些年月裡，銀行家對他們有求必應。但如今克萊斯勒有了難處，他們都立刻變了卦。作為十分保守的共和黨人，大多數銀行家對貸款保證法案持懷疑態度。由於大多數銀行貸款是借給克萊斯勒金融公司，而不是克萊斯勒公司本身，所以銀行家們認為，即使克萊斯勒公司宣布破產，他們的債權仍可獲得保障。

　　但是，當發現自己也無法逃脫災難時，銀行家們大吃一驚。後來銀行才認識到，對他們最為有利的是做出讓步，使公司得以生存才能保住自己的利益。

　　即使如此，銀行的讓步還遠不如材料供應商和公司的工人那樣痛快。原因之一是他們的生存並不取決於公司復興與否；另一個原因是牽涉到的銀行太多，現在牽涉到了五十個州的大多數

204 | 野馬的逆襲！拯救克萊斯勒的男人，艾科卡神話

銀行，甚至遍及世界，牽涉了倫敦、多倫多、渥太華、法蘭克福、巴黎、東京甚至德黑蘭的銀行。

每家銀行情況不盡相同。漢諾威銀行，銀行系統都叫它曼尼·漢尼銀行，同克萊斯勒公司已有多年交往。林恩·湯森曾在這家銀行董事會任職九年，該銀行的兩位董事長也曾在克萊斯勒公司董事會任職。他們曾不只一次地幫助克萊斯勒渡過難關。其現任董事長約翰·麥吉利卡迪曾同克萊斯勒公司簽訂了一項四點五五億美元的周轉性貸款協議。

為了使公司獲得貸款保證，他還在國會作證。「我認為克萊斯勒公司應當生存下去。」他對國會委員會說，「我不一概地反對政府援助，我也沒有看到這種少量的援助將會給自由企業體繫帶來威脅。」

另一位給予克萊斯勒幫助的是財政部長威廉·米勒。他在國會委員會作證時指出，克萊斯勒公司的情況是一種例外，提供貸款保證是個好辦法。米勒對一些銀行態度強硬，他認為，銀行應當承擔一些損失，自己治療自己的傷口。

但是作為美國一位最有影響的銀行家，花旗銀行的沃爾特·里斯頓是堅決反對貸款保證的。

曼尼·漢尼銀行和花旗銀行之間的矛盾只不過是冰山的頂端而已。貸款給克萊斯勒的有大銀行、鄉鎮小銀行、美國銀行、外國銀行，還有幾家保險公司。有給克萊斯勒公司本身的貸款，也

有給加拿大的克萊斯勒分公司和克萊斯勒金融公司的貸款，還有給各個外國子公司的貸款以及信用狀。

更糟糕的是，他們的貸款利率各不相同，有低利率，還有高利率和浮動利率；時間上有的需要幾個月內就得償還。

對於到底什麼才是合理的解決辦法，在各個銀行之間存在許多嚴重的意見分歧。一般來說，銀行家們都無意妥協。最大的矛盾不是他們和克萊斯勒，而是他們各個銀行之間。大家都認為別人應該首當其衝做出讓步。

與此同時，外國銀行也在抱怨。一些日本銀行說：「在日本，一旦有了問題由本國的銀行來承擔，首先要償付外國銀行的貸款。這是美國的問題，應讓美國銀行來處理。」

一些加拿大銀行說：「我們不允許美國人對我們指手畫腳。我們已被擺布夠了。」加拿大政府也支持這種立場，要求保證有一批固定數目的加拿大工人在克萊斯勒公司工作。

艾科卡作了讓步。雖然沒有給加拿大人一個絕對肯定的數字，但保證在克萊斯勒公司工作的加拿大工人人數達到北美地區工人的百分之十一。加拿大工人有段時間曾達到克萊斯勒公司北美工人總數的百分之十八。

歐洲的一些銀行說：「我們不準備和你們合作。還記得德律風根公司的事嗎？」幾年前，西德政府曾制訂了一項拯救面臨危機的德律風根公司的計劃，但一些美國銀行都撤了出來，只剩下

幾家德國銀行支撐這項計劃。因此德國人的態度和日本人一樣：「這是美國的問題，你們美國自己的銀行應該首當其衝。」

當美國銀行看到自己的惡劣態度帶來何種後果時，他們突然看到了自己的責任。他們的立場變得和艾科卡一樣起來：「不，大家應當同舟共濟。一旦破了產，法院對我們大家可是一視同仁的。」他們開始認識到，解決克萊斯勒公司問題的唯一途徑是要求各家有關銀行做出公平合理的讓步，這樣才能保住各自的最大利益。

但是還有問題。一些小銀行說：「紐約的一些銀行要負責任。我們給克萊斯勒公司的貸款在我們的全部資金中所占的百分比要比那些紐約的大銀行高得多，所以做出多大讓步要看銀行的大小。」

為了鼓勵銀行做出必要的讓步，艾科卡他們被迫宣布一項優惠條件：克萊斯勒公司發給銀行一千兩百萬股購買股票權利的證書，但必須在一九九〇年前每股股票漲至十三美元時方可兌現。

貸款保證委員會聽到這個消息後也要求做出類似的安排，理由是他們也是借方，而且冒風險的錢數比銀行實際上要高出百分之五十，所以最後政府得到了一千四百四十萬股股票的認購權。

當時，克萊斯勒公司一共讓出了兩千六百四十萬股股票，

大大地削弱了公司的實力。但他們顧不得考慮那麼多，只想到需要銀行的合作，更何況股票已經跌到每股三點五美元，每股十三美元看來還是個遙遠的夢。

克萊斯勒花了幾個月的時間才制訂出一項銀行可以接受的計劃。整個這件事由艾科卡開了個頭，參加了一些早期的會議，但大部分工作是傑里‧格林沃爾德和史蒂夫‧米勒做的。

同銀行的談判十分複雜，他們設立了一個由二十人組成的特別工作組。這些人到處奔波，從紐約或華盛頓回來後，立即要去渥太華、巴黎、倫敦和其他許多城市。

起初，他們分別找一家家銀行談，後來發現這個辦法行不通。後來改成把大家召集在一起談，效果就好一些。時間緊迫，艾科卡他們準備在四月一日，再召開一次會。有些銀行代表威脅說他們將不到會，結果卻都來了。

如果銀行家們在這次會議上還達不成協議，那就完了。全國經濟衰退形勢已經很嚴重，克萊斯勒宣布破產，很可能意味著一個更為可怕的經濟災難即將來臨。

當四月一日全體成員都到會後，米勒宣布會議開始。他的開場白實在讓人震動：「先生們，昨天晚上，克萊斯勒公司董事會舉行了緊急會議。鑑於目前的經濟衰退，公司的嚴重虧損，利率的節節上升，更不要說銀行家的不支持態度，公司決定今晨九點三十分宣布破產。」

整個會議室裡鴉雀無聲，空氣異常沉悶。這時，格林沃爾德目瞪口呆。他是董事會成員之一，但今天才知道有這個會，怎麼沒有讓他參加呢？接著米勒補充說：「也許我應提醒諸位，今天是四月一日。」

人們大大鬆了口氣。不幸得很，歐洲人從來沒聽說過愚人節，他們仍然眼睛盯著牆上，搞不清四月一日到底與這件事有何相干。

這是米勒在開會前五分鐘想出來的一個鬼點子，有很大的冒險性，但結果證明很靈驗。它使會場中的每一個人把焦點集中在一幅更大的圖景中，想像不達成協議可能產生的後果。

米勒的讓步計劃為全體與會者所接受：六點六億美元到期貸款延期收回；四年內以百分之五點五的低利率付四十億美元貸款的利息。

但是要使這個計劃奏效，還得與所有借錢給他們的銀行都合作才行。

到了六月間，差不多每一家銀行都準備接受這個計劃了。這樣，艾科卡終於有可能得到第一批五億美元的貸款保證了。但是他們很快發現手頭沒有現金付帳單了。

一九八〇年六月十日，他們不得不停止對供應商的付款了。公司再一次滑到破產的邊緣。

眼看著五億美元的保證貸款快到手了，但供應商的耐心是

有限度的，他們能等幾天呢？儘管他們並沒有迫使克萊斯勒立即破產，但他們可以隨時決定停止供應材料，這等於是讓克萊斯勒破產。因為本公司實行「準時送貨法」，部件存貨不多，只要一停止供應，就會變成災難。幸好，在接近災難的時候，供應商送貨來了。

這時，百分之九十以上的銀行已經同意克萊斯勒公司的計劃。他們代表百分之九十五的貸款。然而艾科卡需要的是百分之一百，否則，整個計劃就要泡湯。時間在一天天過去，即使所有銀行全都接受計劃，還需要起草各種文件，要有正式簽字。簽好的文件要送上來彙總。

經過不懈努力，至六月底，所有銀行的工作都做通了。現在的任務就是把所有簽字同意的文件都收攏來，並著手準備最後的儀式。通常情況下，這需要把大批律師集中在一起，審閱各種材料，然後宣布手續完備。

這次克萊斯勒公司的事則更複雜。一開始，就有一萬個單獨的文件。為了最後的協議而花費的印刷費竟高達兩百萬美元！如果把這些文件堆起來，足有七層樓高。而且，這些文件都分散在紐約不同的法律公司裡，有的還在別的城市。大部分文件則放在曼哈頓公園街兩百九十九號西瓦科大樓裡。

六月二十三日，星期一晚上，艾科卡召開了一個會議，要求把所有的文件準備好，以便第二天簽署最後協議。他們聘請了

一大批律師處理這些文件，因為只要有一份丟了，整個交易就做不成。

晚上七點三十分左右，米勒在西瓦科大樓第三十三層的自助餐廳裡看到後窗冒進了濃煙。他以為是來自廚房的炊煙，但很快獲悉大樓的二十層起火了。

火越來越大，只聽得砸到大街上的玻璃乒乓作響。萬幸的是，大火只在二十層以下蔓延，而他們的文件全部放在三十層以上。火終於被控制住了。

凌晨兩點，格林沃爾德、米勒和律師們在花旗銀行中心集合。大家決定趕快把文件從大樓裡搶出來，否則很危險。兩點三十分，他們和糾察線的警察們商量著要衝進去。

進去是很危險的，許多消防隊員都受傷了。但最後警察還是同意他們進去了。因為他們堅持說，文件是否能拿出來，將關係到克萊斯勒公司的生死存亡。

這樣，二十個人擠進了電梯。他們到樓上把文件一一裝進郵包。一個鐘頭後，這些文件開始轉移到街上，然後集中到一家代表銀行的法律公司。

九點至十二點，所有文件被重新檢查了一遍。艾科卡他們奇蹟般地發現，一件也不少。克萊斯勒公司可以重新開張了。

熬過艱難的歲月

在克萊斯勒公司最黯淡的日子裡，唯有製造 K 型車的計劃，像是無盡長夜中的一絲亮光，給人們以希望。K 型車是那種可以引起轟動的產品，在艾科卡來克萊斯勒之前就已經開始搞了。

多年來，美國消費市場希望能有一種本國製造的、省油的、前輪驅動的小汽車。在國會聽證、銀行談判的漫長過程中，艾科卡以 K 型車為寄託，熬過他們的艱難時光。

自從斯普里奇一九七七年加入克萊斯勒以來，K 型車一直是他研究的重點。從許多方而來說，K 型車早就是艾科卡和斯普里奇想搞的項目，只是他們在福特公司時亨利太頑固，不讓他們搞。否則，這種車早就面世了。

K 型車是前輪驅動的 4 氣缸的小型車，乘客坐在裡面可以感到非常舒適。如果在市內駕駛，每加侖油可開四十公里；要是到了高速公路，每加侖油可跑六十六公里。光看這些數字，就夠有吸引力了。

但更重要的是，它比通用公司的 X 型小車還要好。底特律在過去曾經發展過小車，但 K 型車首創可坐六個人仍很舒服的紀錄，且很省油。這種車設計得結構堅固，外觀美麗，看起來很實在，不像市場上已有的小車那樣單薄。K 型車有「野馬牌」汽車那樣的優點，即體積小，線條美，但引擎比「野馬牌」汽車要小。

　　他們在廣告裡宣稱，K 型車是美國人的一種選擇。為了引人注目，許多廣告都用上紅、藍、白三色。他們還強調，K 型車寬敞舒適，足以裝進六個美國人，這是針對日本車的提法。他們甚至在每部車裝有六個人的安全帶，雖然這樣做稍稍增加了成本。

　　後來，K 型車幾乎已經成為克萊斯勒所取得的一切成就的基礎。因為公司的其他車型差不多都是按 K 型車的藍本演變出來的。

　　結果，K 型車救了他們。但 K 型車上市的第一年剛好是公司遇到許多棘手問題的時候，直至一九八一年初，銷售情況才有相當不錯的表現。這年年底，K 型車在小汽車市場占有率已超過百分之二十。從此，銷路不斷擴大，他們賣出了一百萬輛車，收到的現金剛好用來發展其他型號的車。

　　由於 K 型車起步慢，克萊斯勒一九八一年的形勢很困難。儘管艾科卡他們一年來努力奮戰，不使克萊斯勒的壞消息上報紙頭版，但是很快他們又不得不去華盛頓申請另外的四億美元保證貸款了。當他們真的要借這筆錢時，貸款保證委員會又對他們設置了重重障礙。比方說，他們不能一次性取得貸款，只能分期提取。一九八○年頭兩次的貸款，間隔倒是不長。

　　但那年晚些時候的第三次貸款，從公共關係的角度來看，簡直是一場大災難。大多數人不理解到底是怎麼一回事，他們看了電視報導後心裡想：「怎麼又來了？那些傢伙已經得了十五億

美元，為什麼他們又來要錢了？」

艾科卡根本不應該同意分三期接受貸款。每接受一次，就要受一次頭條新聞的挖苦，那實在太可怕了。

當然，他不相信貸款保證委員會會一次性解決他們的貸款問題，但三次也實在太分散了，或許應該兩次就解決，每次六億美元，這樣也就會好一些。

每一次他們去要錢時，公司的銷售額馬上下降。人們認為克萊斯勒是個無底洞，指不定哪天會倒閉。有了這個印象，許多原先考慮買他們公司產品的人，又轉而去買別人的汽車了。

據艾科卡估計，他們所得到的總共十二億美元的保證貸款，有三分之一被用於公共關係方面的壞影響而降低了汽車銷售量造成的損失所抵消了。

為了得到最後一筆四億美元的貸款，克萊斯勒又要安排另一輪的讓步，他們不得不把債務變成優先股。銀行家們根本看不起克萊斯勒的股票。不過他們中的一些樂觀者知道，一旦克萊斯勒絕處逢生他們會大有好處的。

儘管有 K 型車，虧損仍然大得嚇人，一年共虧損四點七八五億美元。更為糟糕的是，貸款保證委員會又對克萊斯勒加上種種規定，致使士氣十分低落。其中規定之一是，每個月得向他們付一百萬美元的行政費用。這讓艾科卡氣憤不已，因為單是一月份付的一百萬美元就夠委員會全年開銷了。

214 | 野馬的逆襲！拯救克萊斯勒的男人，艾科卡神話

　　根據條文規定，政府每年要向公司提取貸款總額千分之五的年費來執行這項貸款。

　　但在當時的情況下，克萊斯勒已經沒有談判的資格，根本沒有機會說「這個數字太高了，我們不太樂意。」憑空又多出六百萬美元，這筆錢原可以用來為公司的長遠計劃派點用場。

　　貸款保證委員會甚至命令他們賣掉公司的一架噴氣式飛機。對於華盛頓那幫心胸狹窄的官僚們來說，克萊斯勒的噴氣式飛機意味著大公司的揮金如土。

　　然而克萊斯勒公司所屬的一些工廠那裡並沒有民航飛機可抵達。如果聘請的高級管理人員年薪二十萬美元，艾科卡不願意讓他把時間浪費在候機室裡，他們的時間很寶貴。

　　艾科卡原來以為，克萊斯勒公司至一九八一年年底就可以穩住陣腳。但是他沒有估計到居高不下的銀行利率和萎靡不振的經濟衰退接踵而至。至十一月一日，克萊斯勒又碰上一次危機，整個公司只剩下一百萬美元了。

　　克萊斯勒一天的開支大約是五十萬美元。全公司剩下一百萬，就跟你活期存款的存摺上只剩一點五美元一樣。在汽車業，一百萬美元等於是一個人放在抽屜裡的零用錢。

　　到了這種地步，每一個大供應商都可以置公司於死地。要知道，克萊斯勒公司每個月得付給供應商八億美元的金額。唯一的解決辦法是懇求所有的供應商寬限幾天。但是這話說起來容易

做起來難。

如果他們去找供應商商量說：「這一期的錢可能要拖幾天再付。」馬上會產生連鎖反應。他們是靠彼此的信任把彼此緊密地結合在一起的。這種關係一旦破壞，供應商一定會採取行動保護自己的利益。他們就會產生恐懼心理，而恐懼往往會導致災禍。

付工資也是讓艾科卡頭痛的事。但是他們從不拖欠，每週都按時發放。雖然有時給供應商遲付幾天款，但都事先得到他們的同意，而且事後一分錢也不少付。

有時候艾科卡禱告：「上帝呀！我們需要多賣出一千輛車換回現金，否則就趕不上應該付清的兩千八百萬美元的欠款了，或是趕不上該付的五千萬美元的工資了。」

日復一日，每天都面臨財務危機，而且金額是那麼大。

艾科卡他們得像魔術師一樣懂得變戲法，知道哪筆帳可以晚幾天付，哪筆錢是一點不能含糊的，而且每接到一個電話都心驚肉跳，總怕是催款的。

那時，他們多麼希望銀行的支持，但他們真是對那些銀行無話可說。如果銀行看到你在他那裡有很多存款時，情況會截然不同，會很慷慨地給你自動延長付款期限六十天，即使你不開口也可以給你辦理延期。

只要你很富，只要你在銀行裡有存款，你就有信用。假如你手頭沒有現金，根本就甭想在銀行裡借到錢。

　　早在三十年前，艾科卡父親就曾經把這種生活中的現實告訴他。至一九八一年七月，在事實面前，艾科卡證實了父親的看法。

實現了扭虧為盈

　　一九八二年，各種障礙最終得以清除，喜事總算開始出現了。

　　三年前，要想維持收支平衡，他們得賣出兩百三十萬輛汽車和卡車，但是實際上他們充其量只賣出一百萬輛。用最簡單的算術，你就可以看出他們的收支多麼不平衡。

　　然而今天，在各種人的團結合作、共同努力下，他們把收支平衡大大下降，只要賣出一百一十萬輛車就夠了。公司很快又增加了新鮮血液，和許多新的汽車商簽訂了合約。也就是說，克萊斯勒公司已經有了顯著的進步，儘管整個美國社會的經濟狀況不佳。

　　不過到一九八二年年底全國經濟情況變得好轉時，汽車業顯然也有了轉機。年底結算時，克萊斯勒公司已經有了盈餘。艾科卡總算熬到了這一天！接著在一九八三年，克萊斯勒公司有了九點二五億美元的利潤。這是靠正正當當的經營得來的，是克萊斯勒公司有史以來最好的成績。

　　自國會聽證會以來，克萊斯勒有了翻天覆地的變化。那時

他們曾經許下不少承諾。他們曾經保證使工廠現代化，運用最新的科學技術成果；保證把所生產的汽車都改為前輪驅動，在節油方面達到領先水準；保證僱用五十萬名職工，並生產高品質的產品，等等。

他們許下的每一個諾言，在三年中都實現了。到了一九八三年春天，克萊斯勒又發行新股票了。原計劃發放一千兩百五十萬股，結果由於供不應求，後來又增加了一倍以上。一共兩千六百萬股的股票，在一個小時內被排著長隊的人們一搶而光。這些股票的市場價格高達四點三二億美元，創造了美國普通股票上市總金額第三位的紀錄。

每當你大量發行普通股票的時候，原先股票的價值就要削弱，任何時候都是這樣。但是這次卻發生一起十分有意思的事。股票上市時，每股十六點六美元。幾個星期內，由於人們對克萊斯勒公司股票的需求大大增加，股價節節上升，漲到每股二十五美元，又進一步漲至三十五美元！

股票賣出去以後，克萊斯勒很快還了四億美元的貸款，包括三分之一的保證貸款。這代表了三次中最昂貴的一次還款，利率在當時高達百分之十五點九。

幾個星期之後，克萊斯勒公司內部作出了一個重大決定，提前七年還清所有債務。當然，並不是公司裡每個人都認為這樣做是明智的，因為一下子要拿出那麼多現款，他們不得不考慮對

公司今後幾年裡的情況是不是有把握。

此時此刻，艾科卡對克萊斯勒公司的前途充滿了樂觀情緒。同時他也希望儘早遠離政府的干涉。如果不迅速還清貸款，政府隨時可以干涉他們的經營。

艾科卡在全國記者俱樂部發表了提前還清貸款的聲明。那是一九八三年七月十三日，真是非常奇怪的巧合，正是五年前的這一天，亨利·福特宣布開除了他！

艾科卡說：「我們在過去三年中的含辛茹苦，使得今天這個日子更加有意義。克萊斯勒公司用老辦法借錢，今天我們還清了。」

他開玩笑說：「政府借錢給民間企業的經驗很多，但是收回借款的經驗恐怕很少。我希望事先派一個醫生跟我們一塊去，免得在我們交出這麼一大筆錢的支票時有人昏倒。」

艾科卡在紐約舉行的一次隆重儀式中，把他生平唯一一次看到的面值高達八億多美元的支票，交到跟他們往來的銀行代表手裡。他也收到了一筐蘋果，作為對他以前煩惱的報償。因為在國會聽證會期間，紐約市長曾經以一筐蘋果跟艾科卡打賭，說紐約市會比克萊斯勒公司提前還清政府債務。但是當克萊斯勒與政府的帳一筆結清時，紐約市還欠著十億多美元呢！

如今克萊斯勒終於脫離險境，艾科卡說要「考慮一些好玩的產品了」。

　　他很懷念敞篷跑車，這種車十年前底特律就不再生產了。美國唯一自己產的敞篷車卡迪拉克的埃爾多拉多，到一九七六年也停產了。一九七一年，克萊斯勒公司生產了最後一批巴拉庫達型敞篷跑車。

　　艾科卡決定重新推出敞篷車。作為一種試驗，他把公司的「男爵牌」汽車改裝成敞篷車。整個夏季，他都開著這輛車，就跟童話故事裡帶走小孩的那個吹笛手一樣，他總是到處遇到人要他在路邊停車，像警察一樣一把將他從車里拉出來，迫不及待地問他：「你開的是什麼車？哪家公司造的？哪裡可以買到？」

　　當他們認出艾科卡這張經常在電視廣告裡露面的臉孔時，當場要求訂購一輛這樣的車。

　　有一天艾科卡開車到鄰近的購物中心，一大堆人圍住了他和車子，那輛車引起了巨大騷動。

　　他們決定不再做市場調查工作了，先生產這種車，即使不可能盈利，也是個出風頭、做宣傳的好方式。何況運氣好一點的話，還至少可以做到收支平衡呢？

　　克萊斯勒要生產敞篷車的消息一發表，訂購者蜂擁而至。其中之一是被稱為「漂亮的寶貝」的著名女明星布魯克·希爾茲。於是，艾科卡決定把第一輛車賣給她，作為促進銷路的一個有力手段。

　　艾科卡他們已經預料到，這種車的銷路會很好，估計當年

可賣出三千輛。結果第一年共賣出兩萬三千輛，大大超出了他們的預料。

不久以後，通用汽車公司和福特汽車公司也跟風推出了他們的敞篷車。也就是說，克萊斯勒終於不用跟在人家屁股後面跑了。

推出敞篷車主要是一種噱頭，也是為了宣傳。但是一九八四年推出的新產品就不光是噱頭而且是大賺錢的了，那就是 T－115 微型客車。

微型客車是一種全新的產品，是迎合顧客的需要而設計出來的。它比傳統的旅行車大，比普通客車又小，車內可坐八個人，前輪驅動，每加侖汽油可跑四十八公里路程，最大的優點之一是可以停放在普通車庫裡。

每當艾科卡到國內各大學裡去講演時，總有人會問他，在面臨持久危機的情況下，他們怎麼會這樣快地推出微型客車這種受歡迎的產品。

「作為一個生意人，你怎麼會在瀕臨破產的境地裡還會押了七億美元來生產微型客車呢？」

他開玩笑地回答：「我渾身是債，破罐破摔，朋友那裡周轉的七億美元算得了什麼！」

他知道，不能坐吃山空。公司情況好轉了，但你沒有新產品供應市場，一切努力將變得沒有意義。

事實上，生產微型客車的設想艾科卡在福特公司時就產生了，只是未付諸實踐罷了。第一次能源危機後不久，哈爾·斯普里奇和他正在研究菲埃斯特車，他設計了一種微型麥克斯車，這種車由前輪驅動，外表看上去小巧玲瓏但裡面有寬敞的空間。因為造出一部原型車，大家都喜歡上了它。

然後他們花了五十萬美元搞些研究。在研究過程中他們發現三點情況：第一，上車的踏板要盡量低些，以適合婦女，當時大多婦女穿裙子；第二，車子要造矮一點，以便普通車房可停放；第三，車頭要像鼻子一樣突出以容納引擎，並可在發生事故時有一兩公尺的撞擊空間。

研究報告指出，如果他們解決了上列問題，可望每年在市場發放八十萬輛，那還是在一九七四年的市場情況下！當時，艾科卡很快拿著報告去請示他們的「國王」。

「算了吧，」亨利說，「我不喜歡搞什麼試驗！」

「不搞試驗？」艾科卡說，「『野馬牌』就是試驗出來的，馬克三型也是試驗出來的。這種車的試驗將會是另一次成功。」

在艾科卡的字典裡，如果你不是第一，你就得銳意創新。既然你是福特公司的，你就得去擊敗通用公司。你得在他們沒有想到以前就搶先占領市場。你不能和他們同步走，他們實在太強大了，你得採取迂迴戰術來打敗他們。

但是亨利根本不買帳。因此，艾科卡在福特公司沒有搞成

的微型客車，一九八四年終於在克萊斯勒生產出來了。他們搶來了原屬於福特公司的顧客。有意思的是，福特公司和通用公司在這之後也都競相推出他們自己的微型客車。在艾科卡看來，這是對他最大的恭維。

在微型客車出廠前，《鑑賞家》雜誌就把它選為設計最美的車輛。《幸福》雜誌稱它為一年中「十大最具創意的產品」之一。許多汽車雜誌也都在它上市前幾個月就作了封面專題文章介紹。

自一九六四年推出「野馬牌」汽車以來，艾科卡從沒有像對這次新產品那樣興奮過，並且對它的成功充滿了信心。

第一次在試車場開微型客車的情景令人難忘。人們簡直無法把他從駕駛室裡請出來，他開著車不斷地在場上轉，陶醉在工程師完善的設計而產生的舒適效果中，他覺得駕駛這種車實在是一種樂趣。他像孩子一樣愛不釋手地開著，此時他心裡漾滿了快樂和幸福。

摯愛的妻子病逝

在克萊斯勒起死回生的悲喜交加中，在艾科卡事業梅開二度之時，他個人發生了一件一生中最悲痛的事。

在他早年為福特公司工作、後來轉到克萊斯勒的事業生涯裡，他的妻子瑪麗一直是他忠實的崇拜者和支持者。不管受到什麼打擊，她一直默默無悔地守在艾科卡的身邊。

　　瑪麗患有糖尿病，這種病常常出現其他併發症。他們的兩個女兒都是剖腹產生的，瑪麗還流產了三次。

　　糖尿病患者最怕緊張和壓力，而艾科卡選擇了如此的人生道路，瑪麗怎能避免緊張和壓力呢！

　　一九七八年艾科卡被亨利‧福特開除時，瑪麗第一次心臟病發作。她早就身體不好，這件事對她精神上的打擊實在太大。

　　她第二次心臟病發作是在佛羅里達，那是一九八〇年，當時艾科卡正在華盛頓同國會議員們周旋。卡特總統已簽署了提供克萊斯勒貸款保證法案，艾科卡他們正在熱烈慶祝。宴會吃到一半時，他接到佛羅里達州來的長途電話，說瑪麗心臟病復發。

　　兩年後的 一九八二年春天，瑪麗中風了。她每次發病，都是艾科卡在福特公司或克萊斯勒公司遇到巨大壓力之時，無一例外。

　　任何糖尿病患者或者同他們共同生活的人都知道這種病的症狀。瑪麗非常脆弱，她的胰臟只能偶爾起作用。雖然她的飲食控制得很好，但每天還是需注射兩次胰島素。這種病在半夜發作，更是常有的事。她的身體開始僵硬，全身冒冷汗，經常得請醫生趕來急救，或是將她送進醫院。

　　由於工作上的需要，艾科卡經常得出差在外，於是他一天總要打兩三個電話給她。日子長了，從她的聲音裡就可以聽出她胰島素的高低來。晚上艾科卡不在家時，總得安排人陪她，因為

她總有休克或昏迷的危險。

艾科卡兩個女兒的孝敬永遠值得一提。她們不僅接受了母親生病這一事實而且處處能滿足她的要求，如同一對小天使。

一九八三年春天，瑪麗病危，她的疲憊的心臟已經衰竭，五月十五日終於停止了跳動，享年五十七歲。

艾科卡說：「即使在逝世前，她仍然很美麗。」

讓艾科卡終身遺憾的是，如果她再堅持兩個月，就能親眼看到克萊斯勒公司全部付清貸款，那她該是何等的欣慰。不過，她有堅定的信念，相信克萊斯勒公司會成功。

她在臨死前還對艾科卡微笑著說：「現在的汽車確實更好了，不像你幾年前開回來的一堆廢鐵那樣了。」

她在去世前的幾年日子很艱難。她始終不理解，艾科卡為什麼能容忍亨利·福特。一九七五年的情況調查後，她要求艾科卡把真相公之於眾。她要艾科卡必要時去告亨利。儘管她不願他繼續留在福特公司，但她尊重艾科卡的決定，繼續支持他的工作。

艾科卡在福特公司工作的最後兩年，想方設法盡量不讓瑪麗和兩個女兒因為公司的事而受到影響。當艾科卡被亨利解僱時，他為她們而難過的程度超過了自己。畢竟，她們並不了解事情已經糟糕到了何種程度。

　　自從艾科卡被亨利‧福特革職後，瑪麗成了他力量的源泉。她知道艾科卡還想在汽車行業裡幹，如果他願意的話，她鼓勵他接下克萊斯勒的爛攤子。

　　她說：「上帝會最圓滿地安排每一件事的。你被福特開除一事說不定是最好的安排呢！」

　　但是艾科卡到克萊斯勒才幾個月，社會環境又發生了巨大變化。汽油是車業的血液，利率則是氧氣。

　　一九七九年伊朗政變導致石油危機和利率節節上升的危機接踵而來。要是這兩件事早一年發生的話，他是絕不會接受克萊斯勒公司的差事的。

　　瑪麗曾勸艾科卡辭職。她說：「我愛你，也深知你只要立下志願，沒有辦不成的事。但是這座山實在太陡峭，做不到的事不去做並不失體面。」

　　艾科卡對她說：「我知道。不過我相信情況一定會好起來的。」他根本沒有想到在找到轉機以前情況會那麼糟。

　　瑪麗和艾科卡一樣，為他被解僱後老朋友們的疏遠而感到難過。但她自己卻一如既往。她是個直率而有勇氣的人，始終不變。即使艾科卡離開了福特公司，她照樣參加福特公司的年會。

　　她說：「我為什麼不去？我已經參加好多年了。請不要忘記，我們是福特家族外的最大股東呢！」

每當情況危急時，瑪麗表現得最堅強。碰到驚濤駭浪，總是由她來掌舵。

記得有一次，他們倆去看好朋友比爾‧溫，比爾突然心臟病發作，艾科卡急得手足無措，而她已經把消防隊員叫來拿著人工呼吸器來幫忙了，旁邊還站著一個心臟外科醫生，手裡拿著導管準備急救呢！

有一次有位好朋友打電話說她頭痛，瑪麗立即趕到她家，發現她已昏倒在地。瑪麗叫上救護車把她送到醫院，並一直鎮靜地守在那裡等醫生給這位朋友做腦外科手術。

沒有什麼事情嚇得了她。女兒十歲時腳踏車閘失靈，摔出去很遠，頭撞在地上。多年前艾科卡的醫生曾告訴他，要確定一個人是否腦震盪只要看他的瞳孔是否放大變黑。

艾科卡一看女兒的瞳孔既大又黑，差點暈了過去。可是瑪麗一把抱起女兒趕快送急診，在醫院病床上抱了她半小時，回家後又在半小時內燒了艾科卡最愛喝的湯安慰他，讓他上床休息。即使在巨大壓力面前，她仍舉止高雅，不慌不忙。

瑪麗深深關心糖尿病的研究工作。她自願為其他糖尿病病人服務。她以極大的勇氣正視自己的病情，並鎮定地對待死亡。她常說：「你們覺得我情況嚴重嗎？ 你們應該看看醫院裡的其他病人，他們更嚴重。」

她深信，應該教育人們多了解糖尿病。他們一起在波士頓

的糖尿病研究中心設立瑪麗·艾科卡研究獎金。瑪麗認為，糖尿病是全國第三大死亡原因，僅次於心臟病和癌症。但由於死亡證明書上很少用「糖尿病」這個病因，一般人認識不到其嚴重性。她去世後，艾科卡堅持在病亡證明書上寫上實際的死因：糖尿病引起的併發症。

艾科卡和瑪麗曾經有過許多美好的時光。瑪麗從未參與和干擾艾科卡的工作。她也不跟別人比時髦，對她來說，家庭是一切。作為公司上層領導人的妻子應盡的責任和義務，她都以微笑盡到了。她同艾科卡的價值觀是一致的，就是家庭和健康。

那些年，無論多忙，艾科卡都盡可能在晚上和週末跟瑪麗和孩子們一起度過。他們倆一同旅行過許多地方，她最喜歡夏威夷這個被稱為「太平洋的天堂」的地方。他們一家四口人也常常開車出去玩。特別是孩子較小的時候，他們一家人尤為親密。

艾科卡覺得很幸運，因為自己這輩子七分之二的時間都獻給了瑪麗和兩個女兒。

艾科卡常說，你不能把一個企業變成一個勞動集中營。辛勤工作固然需要，但還得騰出時間來休息和放鬆，去看看你的孩子在學校遊藝活動或游泳比賽中的表現如何。假如你不趁著孩子還小的時候趕快去做，以後想補救都來不及了。

在瑪麗逝世前兩週的一個晚上，她打電話到多倫多對艾科卡說，她為他而感到光榮，那時克萊斯勒公司剛剛宣布第一季略

有盈餘。但是在她病重的最後最困難的幾年裡，艾科卡一直想說，在那些困難的歲月裡，他是多麼為她感到驕傲。

瑪麗始終支持艾科卡的奮鬥，並分擔他的痛苦，她也把自己的一切都給了兩個女兒。

艾科卡說：「是的，我的事業是成功的。但是，這與我的家庭比起來，又算得了什麼呢！」

用心做事的人

只要我們努力，我相信我們會成功地重整旗
鼓，振興美國。

—— 艾科卡

主張使用安全帶

　　艾科卡作為一個國際型汽車企業的最高領導人，他意識到隨著社會汽車擁有量的增加，安全問題會越來越突出。這就是他為什麼總是利用一切可能的場合解釋為什麼安全帶是在美國減少車禍死亡率的關鍵。

　　多年來，艾科卡一直在提倡一種不受歡迎的提案，即強迫駕駛員使用安全帶。

　　艾科卡參與繫安全帶運動差不多已有三十年的歷史。早在一九五五年，當他還在福特公司經銷部工作的時候，他們就決定在新推出的一九五六年型號的汽車裡增加安全帶裝置。

　　用今天的眼光看，當時安裝的安全設備是很簡單，但已不失為革命性的創舉。除了安全帶以外，還包括安全門、擋陽板、深碟式方向盤以及儀表板防震處理。他們在一九五六年的新車廣告裡，一直強調福特車是安全車。

　　艾科卡一九五六年一到底特律，依舊很關心安全問題。人們總是對他說「安全不能賣錢」，似乎他在為提供不安全的車找藉口。不過，經驗教訓告訴他，強調安全從銷售的角度來看，是個很弱的環節，這就是他為什麼一定要爭取政府支持的原因。

　　在當時看來，提倡汽車安全在汽車城底特律是件不同凡響的創舉。正因為如此，通用汽車公司的一些高級官員打電話給亨利・福特，明確地要求他停止搞這些玩意兒。

　　在他們看來，福特公司鼓吹的安全運動對整個汽車業不利，那會使人想起一個脆弱的甚至死亡的形象來。這樣，對汽車銷售十分不利。當時任福特公司總經理的麥納馬拉，與這些人持有不同的價值觀，他決定開展使用安全帶運動。為此，他付出了巨大代價，差點丟了官。

　　一九五六年福特公司首次在汽車配件中增加安全帶一項時，只有百分之二的客戶預訂。百分之九十八客戶的無動於衷使他們賠了不少錢。正當他們推行安全運動之際，福特公司最大的競爭對手雪佛蘭卻推出了時髦的八缸高馬力的車。那年福特公司被打得很慘。

　　反對強制使用安全帶的理由各種各樣，但這件事跟其他許多事一樣，主要是思想觀念上的不一致。有人就是反對這個主意，很多人以為這是政府干涉民權的另一實例。

　　雷根執政期間，這種觀念尤為強烈。不幸的是，他們那種對經濟事務所採取的老式的、自由競爭的態度也可以延伸到交通安全方面。

　　每次艾科卡發表支持強制使用安全帶的觀點時，總要收到大批來信，人們反對他，抱怨他干涉他們的權利。他們認為，只要自己願意，有權開車出車禍而死去。

　　很多人認為，勸告別人注意安全不是美國人的生活方式，也就是說，他們寧肯讓上千的人去死、上萬的人受傷。在艾科卡

看來，這些人還生活在十九世紀。

艾科卡反問這些人，難道不是有了行車執照才能開車嗎？遇到紅燈難道可以不停車？在有些州，不是規定騎摩托車必須戴安全帽嗎？難道這些都能說成是政府過分的干涉嗎？在文明社會中要不要應有的制約？

北卡羅來納大學曾經作過一項極有名的意外交通事故調查結果。那項調查表明，使用安全帶可以減少重傷百分之五十，減少致命傷百分之七十五。在一九六〇年年末，瑞典一項研究報告中說，經調查兩萬九千起使用安全帶並發生車禍的案例，竟發現沒有一人死亡。

根據全國公路交通安全局估計，如果每個駕駛員都使用安全帶的話，全國一天的車禍死亡率至少可降低百分之五十。

人們總是對他說，強制使用安全帶是個無法實現的夢想。但是他不認為大多數人真的反對使用安全帶，其實他們只是懶得用它就是了。調查表明，消費者並不反對使用安全帶的主張，只是大多數人覺得它不方便，太麻煩，挺討厭。

有人抱怨安全帶的顏色同車內裝潢的色調不配。他永遠忘不了有封信上居然這麼說：「安全帶很占地方，而且坐上去也很不舒服。」

還有一個反對使用安全帶的理由是：一旦出事後車內起火，繫安全帶反而影響迅速逃出去。這種可能性不是沒有，但實際上

在致命性的交通事故中因起火逃不出去的事是極少遇到的。

另外一種反對安全帶的理由是,撞車後你很可能被甩出車外,又不是困在車內。這種可能性也是有的,但畢竟偶爾才發生這樣的意外。事實上,如果你被拋出車外喪命的可能性大大超過留在車內。

當然還有一些人認為,繫安全帶只在高速公路上有必要。但是許多人不清楚,在所有事故中,百分之八十發生在市區,時速都是在四十公里以下。

當初,飛機上也不是要求所有乘客都必須繫安全帶的。大概是一九三〇年前後,才通過一項法案,規定所有民航飛機上的乘客都得繫安全帶。

今天,商業性飛機比過去任何時候都更先進、更安全了,但法律仍然強制地規定,飛機在起飛和著陸時,每個乘客必須繫好安全帶。可見,安全帶在地面上比在空中更有用。如果你坐飛機違反規定,不肯繫安全帶,那麼機組人員有權把你轟出去,不讓你坐飛機。

汽車裡裝安全帶,起初只是為了賽車用。當一九五六年福特和克萊斯勒公司同時在新型號汽車裡增加這項設備時,很少有人問津。短短的八年後,也就是到一九六四年,雖然強制使用安全帶仍未提上日程,但安全帶已成為所有汽車的標準設備之一。

艾科卡說:「儘管當年的安全運動失敗了,但我仍為自己感

到驕傲，因為我是提倡安全運動的先驅之一，我要為此繼續奮鬥下去。」

一九七二年，身為福特汽車公司的總經理，艾科卡親自給五十個州的州長寫信，告訴他們福特公司擁護強制使用安全帶的政策，並且呼籲州長們支持這一救命措施。

但直至十二年後，當他著手那後來連續兩年成為暢銷書的回憶錄時，美國還沒有一個州通過這項法案。他繼續在各種場合積極呼籲此事，他相信最終人們會覺醒的，只是所需時間會長一點而已。

不出艾科卡所料，在二十多年後的美國，各個州均為使用安全帶而立法。各州都要求駕駛人和副駕駛座上的乘客繫安全帶，其中很多州更為嚴格，要求普通轎車的所有乘客都要繫安全帶，否則被發現就要受處罰。

關心國家的發展

幾年前克萊斯勒公司差一點關閉，使艾科卡比別人早幾年就開始擔憂財政赤字問題。那時克萊斯勒幾乎被高利率害死。

因此早在一九八二年夏天，艾科卡就在《新聞週刊》上發表一篇文章，建議國家財政赤字減少一半。那時候，國家財政赤字只有一千兩百億美元。艾科卡建議減少三百億美元的政府支出，增加三百億美元的稅收。

　　在挽救克萊斯勒公司的親身體驗中，艾科卡深深懂得那次的成功完全靠管理階層、工人、銀行界、供應商和政府間的共同合作。因此他心裡想：為什麼克萊斯勒公司「有難同當、機會均等」的原則不能用到解決國家財政赤字問題上來呢？

　　艾科卡的計劃很簡單。首先，每年削減百分之五的國防預算。那樣就可以節省一百五十億美元，而且不會影響到任何軍火項目。

　　然後，他召集民主黨人士宣布：「諸位先生們，我們已經削減了一百五十億美元國防開支，有難同當，請你們也從實行了四十年的社會福利計劃裡減去一百五十億美元吧！」

　　艾科卡認為，一旦削減三百億美元的政府開支，那麼在稅收方面也得跟上。首先，應該增加一百五十億美元的進口石油附加稅，使石油輸出國組織把油價穩定在每桶三十四美元左右。然後再徵收百分之十五的汽油使用稅，這樣又可以弄到一百五十億美元。

　　他說，即使加上這些新稅，除了阿拉伯產油國以外，美國的油價在世界上還是最便宜的。這樣做的結果，除了增加政府收益外，還可以形成美國的能源政策，今後石油輸出國組織再出現什麼危機，美國就能夠應付了。

　　「加起來，」艾科卡說，「這四個一百五十億美元一年就將使國家財政赤字減少六百億。這個方案的好處在於，不管你是民主

黨人還是共和黨人，不管你是勞方還是資方，大家共同分攤。」

當艾科卡草擬這個計劃時，曾徵求過所有他認識的華爾街大老闆的意見：「要是總統在電視上宣布，政府將削減一半財政赤字，下面會有什麼反響？」

他們一致認為，這個宣布將會帶來全國歷史上最大的投資風潮。它將重新樹立一個國家的信譽。它將證明我們明白自己的所作所為。

不用說，美國政府並沒有這樣做，但並不是沒有人響應。成千上萬的《新聞週刊》讀者給艾科卡寫信，擁護他的建議。艾科卡甚至接到白宮一個電話，約他進白宮見總統。

艾科卡走進白宮時，雷根總統手裡拿著那一期的《新聞週刊》接待了他。總統說：「李，我很欣賞你在上面寫的，我也擔心赤字太龐大。但是我的民意測驗專家理查‧沃黑林告訴我，徵收石油稅的做法是最不得人心的，我不能這樣做。」

「嗯，請等一下。」艾科卡當時心裡想，「難道治理一個國家就靠民意測驗？更何況你們那種範圍的民意測驗能反映出主要的趨勢嗎？」

總統後來又談到國防預算問題。他對艾科卡說：「我們在卡特執政時期國防預算太少了。為了國家安全，我們不得不增加開支。你不了解全局情況。」

「那倒是真的，」艾科卡回答，「我一點也不了解。但是，現

在的國防開支已超過三千億美元。我是個商人，信不信由你，我可以在任何一筆生意中變動百分之五而別人根本察覺不出來，而且我一直是這麼做的！」

與總統的談話當然是作用不大，也許雷根只是應付一下輿論而已。在一九八二年夏天並未減少赤字。兩年後，赤字已超過兩千億美元，而且對這龐大的赤字依然束手無策。

不幸的是，赤字只不過是當時美國經濟衰退的冰山一角而已。艾科卡對美國經濟在世界上的地位不斷減弱憂心忡忡，但那不是他一個企業家能解決的，哪怕是這樣一個被看作美國英雄的人物。

艾科卡還對美國瀰漫著嚴重的投機氣息和不合理的產業政策和財政政策進行了抨擊。他說：「美國完全忽略了強大經濟實力的真正來源，現在已經從原來一個重視生產投資和消費投資的國家，蛻變成一個迷戀票據投資的國家。」

他說：「於是一些最大的公司花大量鈔票去購買其他公司的股票。這些資本都到哪裡去了？造新工廠了？買新的生產設備了？搞技術革新了？有一些，但不很多。大部分錢都到了銀行或其他金融機構，然後轉借給外國了。」

他說：「而今，美國最大的工業是汽車、鋼鐵、電子、飛機和紡織。如果我們想維持千百萬個職業，我們就必須保住這些工業。這些工業是服務行業和高科技行業的市場，它們對我國的國

家利益是至關重要的。倘若沒有強大的鋼鐵工業、機器製造業和汽車工業，何以維持國防系統的脊梁？沒有一個強大的工業基礎，那麼我們就得吻別國防安全了。」

艾科卡與某些談論產業政策的人不同，他不主張政府來決定勝負，決定哪些該辦、哪些該停。越來越多的事實證明，政府來決定這些並不明智。

對於政府投資，艾科卡指出，聯邦儲備銀行行長保羅‧沃爾克又給墨西哥十億美元以幫助過去借款給墨西哥的那些美國大銀行。這位銀行行長一夜之間就把錢貸出去了，沒有經過國會聽證會。但是一個真正的美國公司克萊斯勒想要借十二億美元以便挽救行將破產的局面，卻在國會裡被困幾個星期。

對於產業計劃，艾科卡說，既然我們的軍事和農業都能有各自的產業計劃，為什麼工業就沒有一套產業計劃呢？

艾科卡還提出了六點建議，作為制訂新產業計劃的基礎。

「我們會成功嗎？」在艾科卡提出這些建議後有人問他。他說：「為偉大的目標而奮鬥，即使失敗也是光榮的，所以我們必須努力。只要我們努力，我相信我們會成功地重整旗鼓，振興美國。」

艾科卡說：「美國是個擁有富饒國土和人才濟濟的國家。只要有一個正確的方向、堅定的領導人和全體美國人民的支持，我深信，我們這個國家將再次成為希望和自由的象徵！」

當了四年志願者

當一九八二年上半年雷根總統請艾科卡出任埃利斯島自由女神像百年紀念委員會主席時，他正在為克萊斯勒公司的生產和債務忙得四腳朝天。雖然這個主席職位只是個主要負責籌款的志願者身分，但他還是欣然地接受了。艾科卡沒想到這一幹就是四年。

許多人問他：「你為什麼要幹這個差事？你的工作還少嗎？」

艾科卡說，當這個紀念委員會主席完全是出於對他父母的愛。因為在很小時，他的父母就常常對他談起埃利斯島，還領他來過幾次。

他們當時移民到美國時，就是從那裡踏上這片陌生的土地的。那時他們很窮，既不懂英語，也不知道該找點什麼工作，而現在他的全家都生活得很幸福，並完全融入到這個國度裡。埃利斯島對艾科卡和他的父母來說，已經成為他們人生經歷中不可分割的一部分。

艾科卡參加了當年他父母多次提到的那尊雕像的修復，也參加了紀念活動，他能體驗到作為移民所體驗到的那種感受。事實上，在他參與了與此有關的一些活動後，發覺差不多每一個移民到美國的人都有同樣的心情和感受。

埃利斯島，這個紐約市曼哈頓區西南上紐約灣中的小島，

作為一八九二年至一九四三年間美國的主要移民檢查站，曾經從這裡踏上美國國土的人有一千七百萬之多，他們繁衍生息，至今已經有了上億人，這差不多是美國人口的一半，他們的根都在埃利斯島。

辛勤工作，獲得幸福的生活，為自由和正義而奮鬥……這些都是自由女神和埃利斯島所象徵的意義。

艾科卡有了一個成功的生涯，是美國這個國家給了他成功的機會。而正是靠所有人的勤奮有效的工作，也才使這個國家變得強大。艾科卡緊緊抓住了機會，不是靠僥倖取勝，而是整整奮鬥了四十個寒暑。

正如艾科卡所說：「自由只是一張入場券，如果你想生存下去並獲得成功，你必須還要付出代價。」

剛開始籌款時，艾科卡只有一張捐贈的桌子和一把椅子。然而，他很快發現，一切都是那麼順利。

一天上午，一位先生走進艾科卡的辦公室，對他說：「艾科卡先生，我到這兒來，是為了給你一張支票。」

艾科卡接過來，發現支票上竟然是一百萬美元。

「我可以把這張支票給你，但有個條件，你不能把我的名字透露出去。」

這個人的經歷與艾科卡差不多，他小時候跟母親一同來到

美國，後來發了財，他想報答一下這個國家，也以此來紀念他的母親。

紐澤西州一位老太太，寄來了一千美元。

艾科卡親自給她寫了一封感謝信，並很快寄給了她。

不久，這位老人又寄來一張五萬美元的支票。艾科卡給她打了電話，對她表示感謝。老人很高興：「你真好，艾科卡先生，感謝你們所做的一切。」後來她又分別寄來了三張支票，一張是兩萬五千美元，一張是五萬美元，另一張是七萬五千美元。

艾科卡還收到一位八十多歲老人寄來的一萬美元的支票，在信中，這位老人說，他沒有別的要求，就想免費得到一本艾科卡先生的自傳，因為在圖書館要兩個月才能拿到。

還有學校裡的孩子們，他們把零用錢都寄了來。有一個孩子寄來一塊錢，他在信裡寫道：

親愛的艾科卡先生：

這是我這星期的零用錢，請把錢用到正地方。

在艾科卡當了四年志願者的時間裡，一共籌集到了三點零五億美元，比預定的多出了七千五百萬美元。

一九八六年七月三日，自由女神像修復慶典終於召開了。那天，主持慶祝會的艾科卡把麥克風交給雷根總統時，心潮澎湃。雷根總統簡單地講了幾句話後，轉過身，凝視著紐約港口，

按下了發射雷射的按鈕，光束一下子照亮了自由女神像，歡呼聲驟起……

雷根總統按下另一個按鈕，自由女神的火炬重新燃燒起來，同時，在一個一百人組成的交響樂隊演奏的音樂聲中，五百人組成的合唱團唱起了《美麗的亞美利加》。

瞬間，無數的煙火騰空而起，在港口上空爆出美麗的花朵。艾科卡又一次想到了爸爸尼古拉。爸爸走過自由女神像時，他剛十二歲，現在自己已經六十歲了。大女兒過幾天就要結婚了，美國的另外一代人，即將誕生。

艾科卡是帶著母親來參加慶祝活動的。她的身體還很硬朗，在遊艇上，跑來跑去。她太高興了，如果艾科卡的父親還活著，也會和她一樣。

艾科卡跟在母親身後，陪著她東看看西轉轉，累得氣喘吁吁。但他不在乎，他希望看到她總是這麼高興。

「那是什麼？」

「噢，媽媽，那是……」

「那麼這個呢？」

母親就像個孩子，問來問去。艾科卡不厭其煩地向她解說。還有什麼比和自己的親人在一起，共享天倫之樂更重要呢？在他的父親尼古拉在世時，艾科卡都會和爸爸媽媽一起吃飯，或

者共度節日，有時還會和他們一起去旅行。

父親去世後，艾科卡更加珍惜和母親在一起的日子。雖然母親的身體很健康，但艾科卡覺得和母親在一起的每一分每一秒都是那麼珍貴。艾科卡感到，爸爸和瑪麗都已經去世了，對其他人的愛更要及時。

經常會有人問艾科卡：「你這輝煌的成就是怎麼獲得的？」

艾科卡這時總是想起父母的教誨，那就是靠自己奮鬥，盡量爭取受教育的機會，然後去幹一番事業。不要只是站在那裡不動，要幹出點事來。雖然不是輕而易舉，但只要你鍥而不捨，努力奮鬥，便會驚異地發現，在一個自由的社會裡，只要你想得到，就一定能辦得到。

當生活無著時，艾科卡的母親曾經到絲廠做臨時工，很辛苦，也經常受到欺辱，但她認為那樣做很值得，因為可以為艾科卡賺點錢供他上學吃午飯用。當艾科卡遇到困難時也和他母親一樣，從來都是勇敢面對，因為他認為那樣做很值得！

退而不休的老人

一九九二年，艾科卡從克萊斯勒退休，但卻始終閒不下來，他做過電動腳踏車，也和通用汽車合夥開發過社區電動車，甚至投資過一家加州炸雞連鎖店。「有事就做，我從不規劃如何退休。」他說。

他還投入大量資金與心血，成立艾科卡基金會，贊助糖尿病新藥的研究開發。二十年前，他的結髮愛妻瑪麗因糖尿病去世，「我的時間已經不多了，但我一定要找出治好糖尿病的藥。」

他漸漸淡出了公眾視野，專心致志干他想幹的事，並享受天倫之樂。但在退休十五年後，那個直率敢說的艾科卡又回來了。

二〇〇七年五月十四日，戴姆勒與克萊斯勒九年的聯姻，在投資銀行家們喧囂的報價聲中走到了盡頭。

全球汽車業最受矚目的超級聯姻，最後還是被拆散，克萊斯勒落到賣給私募基金的下場，大家都想聽聽這個曾經讓克萊斯勒起死回生的艾科卡怎麼說。戴姆勒與克萊斯勒分手的消息公布當天，艾科卡洛杉磯家裡的電話鈴聲就響個不停。

「是戴姆勒搞砸了克萊斯勒！」對克萊斯勒，艾科卡大砲一開口，果然直奔靶心。

他應邀為《商業週刊》寫稿，毫不客氣地猛批這種他從一開始就不看好的跨國合併。他說，一九九八年兩公司合併時，克萊斯勒是全世界最賺錢、生產成本最低的汽車公司之一，狀況非常好。結果，「不到十年，戴姆勒就把克萊斯勒推下了懸崖。」

艾科卡再度成為媒體極度關注的人物。朋友都勸他，講話、下筆不要太衝動，他大聲說：「我都八十二歲了，怕什麼？！」

一直筆耕不輟的艾科卡在六月二十七日出版了他的第三本新書《領導人都到哪裡去了》。書中火力全開，猛批美國的領導危機。

「我不是故意貶低誰，而是想要放一把火；我直言不諱，是因為我還抱有希望。」艾科卡痛恨袖手旁觀，他號召讀者「把領導人找回來」。

這本書的出版剛好讓艾科卡趕上評論戴姆勒與克萊斯勒的分手熱潮，也讓他除了痛批布希，還能逐一評論那些總統大選候選人。

艾科卡強調，這是個迫切需要領導的時代。美國人必須清楚地認識他們的候選人，踴躍投票，選出具有素質的未來領導人，即他們要具備好奇心、創新、溝通力、品格、勇氣、使命和信念、魅力、能力及常識等素質。

他還指出參加二〇〇八年大選的領導人最重要的四種素質，將是好奇心、溝通力、品格與能力。

「難道只有我受夠了嗎？我們的憤怒到哪裡去了？我們早該發出怒吼了。」《領導人都到哪裡去了》開篇，艾科卡就直入主題，不吐不快。

「一群無能的笨蛋正帶領這個國家走向危崖險峰，一堆企業黑幫正在把我們洗劫一空；我們無法在颶風肆虐之後重建家園，就連油電混合車也做不出來。然而，我們不但不生氣，竟然還跟

著政客一起點頭說：『堅持到底！』堅持到底？ 開什麼玩笑！ 這裡是美國，不是『鐵達尼號』！」艾科卡在書中寫道。

從布希政府、國會效率、學校教育、肥胖症到醫療保險，對時局深深不滿的艾科卡，在書中警告美國正在變成一個「人民普遍吃太多、太愛吞藥、太愛看電視、太愛聽 iPod、搶購成癮，得了注意力缺乏症的國家」。

艾科卡還提到了能源政策。他坦白認錯，他這輩子都在替一個汙染環境的產業工作，對於環保問題，確實了解得太晚。

兩千年總統大選，他支持布希而不是戈爾，因為他當時認為戈爾大談全球變暖，有點兒神經過敏。後來，艾科卡看了戈爾的紀錄片《不願面對的真相》，他半開玩笑地對朋友說：「從來沒想過我會花八美元，去看戈爾主演一場電影，但它讓我開了眼界。全球變暖的確很嚴重，以前我一直不相信，直至我離開汽車業多年後才認清真相，變成了相信者。」

艾科卡認為，面對危機，要靠偉大的領導人。遺憾的是，布希與國會恐怕都不是好榜樣。艾科卡引用了民意調查結果來說明這個問題：百分隻七十五的美國人認為布希領導方向錯誤；高達百分之八十的人更認為整個政府，包括國會，都已經完全起不到應有的作用；政客們眼裡只有政治利益，誰也不願意面對真正的難題。

能夠號召我們採取行動、問心無愧的領導者在哪裡？ 他問

道，真正的領導者總能帶領我們向上，激發我們做得更好。如今，偉大的領導人都到哪裡去了？

「艾科卡要美國醒過來吧！」新書的封底寫著幾個大字。

全書像是一場激昂的咆哮，艾科卡罵得淋漓盡致，可也讓人替老先生的血壓捏把汗。不過，畢竟是享譽全球的傳奇領袖，他沒有忘記告訴讀者如何挑選領導人。

領導是什麼？「找對人才，組成一個好的團隊，訂出各種目標的優先順序。」他說。而領導人也必須經常自問：「誰在追隨我？我要帶領這些人走向哪裡？」

艾科卡以他八十多歲的高齡，仍然在考慮著汽車業乃至國家的前途，這讓他的朋友們敬佩不已。他的一位朋友說：「他是美國人心目中的英雄，他的奮鬥精神永遠激勵著我們不斷開拓向前。」

附錄

自由只是一張入場券，如果你想生存下去並獲得成功，你還必須要付出代價。

—— 艾科卡

經典故事

艾科卡的工作準則

著名管理大師李‧艾科卡，受命於福特汽車公司面臨重重危機之時，他大刀闊斧進行改革，使福特汽車公司走出了危機。

但是福特汽車公司董事長亨利‧福特卻對艾科卡進行排擠，這使艾科卡處於一種兩難境地。但是，艾科卡卻說：「只要我在這裡一天，我就有義務忠誠於我的企業，我就應該為我的企業盡心竭力地工作。」

儘管後來艾科卡離開了福特汽車公司，但他仍很欣慰自己為福特公司所做的一切。

「無論我為哪一家公司服務，忠誠都是我的一大準則。我有義務忠誠於我的企業和員工，到任何時候都是如此。」艾科卡這樣說。正因為如此，艾科卡不僅以他的管理能力折服了員工，也以自己的人格魅力征服了同行。

艾科卡的廣告策略

一九四六年，二十二歲的艾科卡在福特公司當推銷員。推銷員工作充滿了酸甜苦辣。艾科卡處心好學，竭盡全力去幹，很快學會了推銷的本領和技巧，不久，他被提拔為賓夕法尼亞州威爾克斯巴里的地區經理。

銷售，是汽車業的關鍵。艾科卡從中明白了一個道理：想在

汽車這一行獲得成功，必須和銷售商站在同一立場上。在以後的風風雨雨中，他始終牢記這一點，因此深得銷售商的擁戴。

在此期間，艾科卡受到了一位知名人士的影響，此人是福特公司東海岸經理查利，他也是工程師出身，後來轉入推銷和市場工作。

有一次，在本地區的十三個小區中，艾科卡的銷售情況最糟。他為此情緒低落，查利把手放在他肩上說：「為什麼垂頭喪氣？總有人要得最後一名的，何必如此煩惱！」說完他走開了，不過他又回過頭來說：「但請你聽著，可不要連續兩個月得最後一名！」

在他的激勵下，艾科卡靈機一動，想出了一個推銷汽車的絕妙辦法：誰購買一輛一九五六年型的福特汽車，只要先付百分之二十的貨款，其餘部分每月付五十六美元，三年付清。這樣，一般消費者都負擔得起。艾科卡把這個辦法稱為「花五十六元錢，買『五六型福特』車」。

這個誘人的廣告，使福特汽車在費城地區的銷量像火箭般直線上升，僅僅三個月，就從原來的最後一名，一躍而居全國第一位。福特公司把這種分期付款的推銷方法在全國各地推廣後，公司的年銷量猛增了七萬五千輛。艾科卡也因此名聲大振。

艾科卡的扔蛋表演

一九五六年，艾科卡被提升為費城地區的銷售部經理。這

個時候福特公司推出了五六型新車，公司發給艾科卡一部介紹該車安全裝置的廣告影片以放映給汽車商們看，影片的解說詞說，這種防震安全墊很有效，如果你從二樓把雞蛋扔到安全墊上，雞蛋會從安全墊上彈起來而不會破碎。

艾科卡為了追求推銷工作的戲劇效果，他決定在有一百一十個汽車推銷員參加的推銷會上搞一次實物表演。他把新型安全墊鋪在地面上，然後帶著一紙盒雞蛋爬上高高的梯子，親自做扔蛋表演。

第一個雞蛋落下來，落在地板上，碎了，引起一場哄堂大笑。第二個雞蛋扔下來的時候，替他扶著梯子的助手不巧晃了一下，結果這個雞蛋掉在了這位助手的肩膀上，又引起了一陣喝倒彩。第三個、第四個雞蛋雖然落在墊子上，但不幸都碰破了。直至第五個雞蛋才算成功，博得了觀眾一片歡呼聲。

艾科卡從扔蛋表演失敗當中，窺見了推銷的竅門：在推銷會上做實物表演必須要做到萬無一失，一定要先做好準備，把想講和想做的事情先演練一遍，這樣才有利於產品的推銷。

艾科卡的再次崛起

一九七八年七月十三日，在福特工作已三十二年，當了八年總經理的艾科卡被妒火中燒的大老闆亨利·福特開除了。

艾科卡突然間失業了，昨天還是英雄，今天卻好像成了傳染病患者，人人都遠遠地避開他，過去公司裡的所有朋友都拋棄

了他，他遭遇了生命中最大的打擊。

艾科卡痛不欲生，他開始酗酒，對自己失去了信心，認為自己要徹底崩潰了。這時，一位朋友對他說：「你要麼駕馭失敗，要麼讓失敗駕馭你。你的心態是你真正的主人，它將決定誰是坐騎，誰是騎師。」

艾科卡幡然省悟。重整心態後，他應徵到瀕臨破產的克萊斯勒汽車公司出任總經理。憑著智慧、膽識和樂觀的精神，艾科卡大刀闊斧地對克萊斯勒進行整頓、改革，並向政府求援，舌戰國會議員，取得了巨額貸款，重振企業雄風，並使克萊斯勒一躍成為美國第三大汽車公司。

「艱苦的日子一旦來臨，除了做個深呼吸，咬緊牙關，盡己所能外，實在也別無選擇。」艾科卡是這麼說的，也是這麼做的。

誠信

艾科卡雖然做的都是一些小生意，但他非常注重自己的商業信譽。

有一次，艾科卡在給水果店送水果時，看見一位步履蹣跚的老夫人在路邊和自己打招呼，艾科卡便推著腳踏車走到老夫人身邊，問老夫人需要什麼。老夫人對艾科卡說：「孩子，我已經走不了太多的路了。我知道你是送水果給水果店的，我想就在這兒買點兒水果。」

「雖然我不是零售水果的，但可以賣給您，夫人。」艾科卡熱情地回答。然後，艾科卡按照老夫人的要求包裝了水果，收了錢，目送老夫人走向回家的路。

當晚，艾科卡完成了一天的工作，盤點當天的經營帳面，結果總是多出兩美元，艾科卡反覆核對，最後發現是賣給老夫人的幾斤水果多收了兩美元。對於自己的粗心大意，艾科卡非常內疚，他決定次日按原路尋找那位老夫人。

但是，一連幾天，艾科卡都沒有等到老夫人的出現。迫不及待的艾科卡決定走訪附近居民，在他的努力下，終於找到了那位老夫人，艾科卡細心地給老夫人解釋了退給她兩美元的緣由。老夫人非常感動，並祝福艾科卡，「上帝會保佑你的！」

就這樣，艾科卡從經商之初，就將誠信作為基石，終於成就大業。

年譜

一九二四年十月十五日，艾科卡出生於美國賓夕法尼亞州東部的艾倫敦。

一九三一年，開始在艾倫敦當地讀書。

一九四一年，考入美國理海大學機械工程系，後轉入工業工程系。

一九四五年，他修完工程學和商業學以及心理學，從理海大學畢

業。

一九四六年八月，來到底特律，以見習工程師身分進入福特公司。

一九四七年，在福特公司賓夕法尼亞州切斯特銷售處做職員。

一九四九年，任賓夕法尼亞州威爾克斯巴里的地區經理。

一九五三年，被提升為費城地區銷售副經理。

一九五六年，調到福特公司總部，擔任卡車銷售部的經理。與瑪麗結婚。

一九六〇年三月，擔任卡車和小汽車兩個銷售部的經理。

同年十一月，擔任福特公司副總裁和福特分部的總經理職務。

一九六四年四月，紐約世界博覽會開幕期間，他主持研發的「野馬牌」汽車正式推出。第一年銷售四十一點九萬輛，創下了當時全美汽車製造業單一品牌年度銷售的最高紀錄。

一九六五年一月，出任公司的轎車和卡車系統副總經理，負責福特部和林肯—默庫里部這兩個部門的轎車和卡車的計劃、生產和銷售工作。

一九六六年九月，推出其主持研發的「伯爵牌」和「美洲豹牌」小轎車。

一九七〇年十二月，出任福特汽車公司總裁。

一九七八年七月，被亨利·福特解僱。同年十一月出任克萊斯勒公司總經理。

一九七九年九月，出任瀕臨破產的克萊斯勒汽車公司總裁，兼任總經理。

一九八二年五月，義務出任埃利斯島百年紀念委員會主席，為美國自由女神像修復工作出力。

一九八三年五月，其夫人瑪麗因病去世。

一九八三年八月，把高達八億多美元的支票交給銀行代表手裡。至此，幫克萊斯勒公司還清了所有債務。

一九八四年，使克萊斯勒公司贏得了二十四億美元的利潤，這比它六十年利潤的總和還要多。同年十月，出版自傳《反敗為勝》，暢銷世界。

一九八六年五月，與較自己年齡小一半的佩吉結婚，次年十一月兩人離婚。

一九八七年初，以巨資收購美國汽車公司。

一九九二年，從克萊斯勒退休。

二〇〇七年，以八十三歲高齡出書《領導人都到哪裡去了》，抨擊當時政府及企業領導人缺乏領導力。

二〇一九年七月二日病逝，享年九十四歲。

名言

● 不創新就死亡。

● 齊心協力可以移山填海。

● 如果你不是第一，你就得銳意創新。

● 一個親密無間的家庭可以給人以力量。

● 領導人必須傾聽部屬與親信以外的聲音。

● 使命是一種熱情，一種想要達成目標的渴望。

● 品格指的是明辨是非，並且有膽量去做正確的事。

● 如果有人光等待別人為他付出，自己卻袖手旁觀，那就會一無所有。

● 魅力不是花哨、作秀，而是讓人願意追隨你的能力，是激勵鼓舞的能力。

● 你必須清楚自己在做什麼，更重要的是你身邊的人也要知道他們在幹什麼。

● 艱苦的日子一旦來臨，除了做個深呼吸，咬緊牙關，盡其所能外，實在也別無選擇。

● 一切企業經營歸根到底就是三個詞：人才、產品和利潤。沒有了人才，後兩者都無法實現。

● 領導人必須勇於嘗試不同的做法，因為領導就是管理變革——不論國家或企業都一樣。

● 假如你要表揚一個人，請用書面方式；假如你要使被批評者不至於過分難堪，那麼，請用電話。

● 勇氣不是大搖大擺，更不是大放狠話。真正的勇氣，是承諾你會坐下來，跟大家一起參與談判。

● 作為企業的高層，最重要的一點就是身先士卒，做出樣子。這樣，員工的眼睛都看著你，大家都會模仿你。

國家圖書館出版品預行編目（CIP）資料

野馬的逆襲！拯救克萊斯勒的男人，艾科卡神話 / 孫鵬飛 著 . -- 第一版 .
-- 臺北市：崧燁文化，2020.04
　　面；　　公分
POD 版

ISBN 978-986-516-228-3(平裝)

1. 艾科卡 (Iacocca, Lee, A., 1924-2019) 2. 傳記 3. 職場成功法

785.28　　　　　　　　　　109005062

書　　　名：野馬的逆襲！拯救克萊斯勒的男人，艾科卡神話
作　　　者：孫鵬飛 著
發 行 人：黃振庭
出 版 者：崧燁文化事業有限公司
發 行 者：崧燁文化事業有限公司
E - m a i l：sonbookservice@gmail.com
粉 絲 頁：　　　　　　網 址：
地　　　址：台北市中正區重慶南路一段六十一號八樓 815 室
8F.-815, No.61, Sec. 1, Chongqing S. Rd., Zhongzheng
Dist., Taipei City 100, Taiwan (R.O.C.)
電　　　話：(02)2370-3310 傳　真：(02) 2388-1990
總 經 銷：紅螞蟻圖書有限公司
地　　　址: 台北市內湖區舊宗路二段 121 巷 19 號
電　　　話:02-2795-3656 傳真 :02-2795-4100　　　網址：
印　　　刷：京峯彩色印刷有限公司（京峰數位）
　　　本書版權為千華駐科技出版有限公司所有授權崧博出版事業有限公司獨家發行
　　　電子書及繁體書繁體字版。若有其他相關權利及授權需求請與本公司聯繫。
定　　　價：330 元
發行日期：2020 年 04 月第一版
◎ 本書以 POD 印製發行